LOUIS-JOSÉ HOUDE

Mets-le au 3!

LOUIS-JOSÉ HOUDE

Un ouvrage publié sous la direction d'Annie Langlois

Mets-le au 3 !

Éditeur : Phaneuf Musique, en collaboration avec Prends ton bord
482, rue Sainte-Hélène
Longueuil (Québec) J4K 3R2

Direction littéraire, direction artistique et suivi de production :
Annie Langlois – annielanglois@cgocable.ca

Révision : Marie Pigeon Labrecque

Conception graphique et mise en pages : Orangetango

Photos : Victor Diaz Lamich

Dépôt légal 3ᵉ trimestre 2007
Bibliothèque et Archives nationales du Québec

Données de catalogage avant publication (Canada)
Houde, Louis-José, 1977
     Louis-José Houde : Mets-le au 3!
     Publ. en collab. avec : Prends ton bord.
     ISBN 978-2-9810112-0-6
     1. Humour québecois.   I. Langlois, Annie, 1975-.
     II. Phaneuf Musique (firme).   III. Prends ton bord inc.
     IV. Titre.   V. Titre : Mets-le au 3!
     PN6178.C3H68 2007   C848'.602   C2007-941942-9

Imprimé au Canada

À ma famille qui m'a toujours dit :
«C'est beau de te voir travailler...
mais appelle donc une fois de temps en temps.»

À la future mère de mes enfants,
que je ne connais pas encore, mais à qui je dédie quand même
ce livre pour gagner des points à l'avance...

Remerciements

Annie Langlois, pour l'exploit
d'avoir accouché d'un livre et d'un enfant
en même temps.

François Avard, pour son doux
parfum printanier
et ses bonnes idées.

8.9

Je m'appelle Louis-José Houde.
J'ai déjà acheté une cassette de Milli Vanilli.
J'ai déjà vu Pearl Jam en spectacle.
J'ai déjà vu mon père brancher un Commodore 64.
J'ai déjà vu un match Canadiens-Nordiques au Forum
quand Patrick Roy avait son masque blanc.
J'ai déjà eu des draps des Schtroumpfs.
J'ai déjà acheté des Adidas Stan Smith.
J'ai déjà bu de la Molson Grand Nord.
J'ai déjà participé à une bagarre générale contre des Inuits
pendant une partie de ballon-balai en Saskatchewan. (C'est vrai.)
J'ai déjà pleuré en regardant *Rocky I*.
J'ai déjà sifflé pendant une minute de silence.
J'ai déjà voté en état d'ébriété.
Mais je n'ai jamais publié un livre.
C'est mon premier.
Merci de le lire.

Premier spectacle,
LOUIS-JOSÉ HOUDE

----------: PREMIÈRE PARTIE DU SPECTACLE :----------

À date, m'aimez-vous?

Bonsoir.
Moi, je suis venu au monde dans la ville de Québec, le 19 octobre 1977.
Mes parents m'ont appelé Louis-José : donnez généreusement!
On habitait à Saint-Apollinaire, qui est comme un village à côté de
Québec. On restait dans un rang, qui est comme une *trail* à côté d'une
route. Et à côté de la *trail*, dans le champ, il y avait une *track* pour les
trains. On vivait juste là. C'est pour ça qu'on ne comprenait jamais rien…
parce qu'on était dans le champ et à côté de la *track*!

On restait dans une vieille maison, une vieille christie de cabane.
Cent quinze ans, avec des murs qui ont des oreilles, mais qui
n'entendent plus!

Moi, quand j'étais petit, j'étais sur les nerfs en cimonaque! Je n'étais pas
un paquet de nerfs, j'étais un container de nerfs! Mes parents capotaient,
je roulais partout dans la maison avec mon Bigwheel. Je n'arrêtais
pas de grouiller, j'étais même flou sur les photos! Je bouffais du gazon,
j'arrachais les clôtures, je gueulais, je me catapultais partout dans la cour!
Go! Go! Go! Spin! Push! Kick!

À huit ans, j'ai fait un *burnout*!

J'étais tellement un container de nerfs… Quand je mangeais quelque chose (chips, pop-corn, liqueur et petit pot de beurre pour mère-grand) et que je me tachais la bouche, que je m'en mettais partout dans la face, mon père m'agrippait par la tête, il prenait son pouce, il se *swignait* un coup de langue, puis il me lavait la gueule avec sa bave! Il torchait tout le monde avec son pouce : mes sœurs, ma mère, le voisin, le facteur! Je pense qu'ils sont à la veille d'inventer de la bave de père en spray! Aujourd'hui, je suis traumatisé. Quand je suis en auto et que je vois quelqu'un qui fait du pouce, j'ai peur qu'il entre dans mon char et qu'il me lave la gueule!

J'ai deux sœurs. Mais je ne *fitte* pas pantoute dans ma famille. Je ne *fitte* pas. Je m'appelle Louis-José… donc il y a des gens qui pensent que mes sœurs s'appellent Pauline-Maurice et Ginette-Bob. Non. C'est Marie, Louis-José et Caroline. Je suis une mode qui n'a pas duré. Je suis de la mélamine…

Je ne *fitte* pas. Ma sœur la plus jeune étudie en Angleterre. À l'Université de Newcastle. En études internationales et politiques. Ma sœur la plus vieille détient une maîtrise en biochimie et un doctorat en microbiologie. Elle travaille dans un laboratoire où elle cherche des remèdes contre le cancer. Moi, je raconte des *jokes*.

C'est pour ça que je ne ferai jamais de montgolfière avec ma famille. Si jamais on a du poids en trop…

Quand j'avais sept ans, en 1984, on a déménagé à Brossard. C'est là que j'ai commencé à jouer au hockey. Heureusement, je n'avais pas de grand frère qui avait joué avant moi. Donc, je n'étais pas pogné avec son vieux stock puant dans lequel il aurait transpiré. Non, mon père m'a plutôt emmené chez Sports aux Puces pour m'acheter des gants de seconde main et un *jockstrap* de seconde graine… ·

Plus tard, à l'adolescence, j'étais laid! J'avais une coupe Longueuil, mais… fusionnée.

Quand j'avais seize ans, en 1994, on s'est acheté un *Wénébago*. Ça c'est le fun, un *Wénébago*. On devrait tous se promener en *Wénébago*. Moi, je trippe sur les *Wénébago*, c'est douillet un *Wénébago*, c'est coquet. J'aime ça, les *Wénébago*. En fait, j'aime ça dire le mot *Wénébago*. C'est mon mot préféré. *Wénébago*, c'est comme un petit *party* de syllabes dans ma bouche. Le soir, tu ne files pas, tu es déprimé, ta blonde t'a laissé : *Wénébago!* Tu es heureux! Donc, pour se réchauffer, à trois, on va tous crier *Wénébago*.

1, 2, 3 : WÉNÉBAGO ◊ !!!

Je suis tout trempe.

C'est le fun un *Wénébago*, sauf que ce n'est pas pratique pour se chicaner en famille. Quand j'étais dans le *Wénébago* et que je faisais une connerie, mon père me disait : «Va dans ta chambre! » Et je lui répondais : «Peux-tu la déplier? »

Quand j'avais vingt ans, en 1997, j'ai déménagé à Montréal. L'autre jour, j'écoutais la radio : c'était le *blitz* 100 % mégahits. *DJ break* musical non-stop, *kick* le *beat n'jam n'mix*! Hé! la gang, *speaker full blast* pour le *drive* mégahits francophones tout le week-end! C'est *full* cool, on *start* avec le *band* francophone de l'année : Les Respectables…

En 2004, j'ai vingt-six ans. Je me rends compte qu'avec le bout de chemin que j'ai fait j'ai compris plein de choses. J'ai fait plein de grandes constatations importantes :

1 J'ai réalisé que, quand je jouis, je fais exactement la même face que quand je recule en char. **2** J'ai réalisé qu'il y a beaucoup de livreurs de pizza avec des moustaches de duvet qui s'appellent Steve.

Qu'il y a trop de filles avec un toupet crêpé qui s'appellent Sandra.

3 Quand je cherche un mot dans le dictionnaire et que je veux savoir si **P** vient après **T**, il faut que je me chante tout l'alphabet dans ma tête.

4 Quand je tue une araignée avec un kleenex et que je la jette, j'ai toujours un peu peur qu'elle soit encore vivante… **5** J'ai compris que, quand je prends le dernier kleenex, la boîte vient toujours avec.

6 Puis, quand je prends le premier kleenex, il y en a huit qui viennent avec… **7** J'ai réalisé qu'on a toujours des élastiques à la maison, pourtant on n'en achète jamais… Ils apparaissent! Ils poussent dans le fond des tiroirs de cuisine.

8 J'ai réalisé que, quand je saigne du nez, je ne sais jamais de quel bord je dois pencher la tête. Quand on saigne du nez, il y a toujours trois ou quatre personnes qui crient : «Penche-toi par en avant!» Trois, quatre autres te disent : «Penche par en arrière!» **9** J'ai aussi réalisé qu'en ce moment personne ne m'écoute. Tout le monde se demande de quel bord il faut se pencher la tête... **10** Le matin, quand j'ouvre mon tiroir de bobettes, j'ai l'impression qu'elles me regardent toutes en criant : «MOI!!!» **11** Je n'ai aucun respect pour un gars qui met un *coat* de cuir... avec un pantalon en coton ouaté. **12** Il me semble que, dans mon garde-robe, mon linge préféré a droit aux meilleurs cintres. Les pantalons que j'ai payés cher et que j'aime, je les mets sur les gros supports en bois. C'est comme une promotion pour un pantalon. Les jeans, je les mets sur les supports en broche, ceux que tu prends pour débarrer ton char ou pour égorger une poule... Et les cotons ouatés... Je sacre ça en boule dans le fond, même pas de supports. Aucun respect pour les cotons ouatés. On est tellement nonchalants en coton ouaté... Moi, ce serait ma solution pour arrêter la guerre. Tout le monde en *sweat pants*. La guerre en coton ouaté, ce serait comme : «Hé! Je vais te tuer!... Bof! est-ce qu'on se loue un film à la place?»

20.21

------------- : LA PREMIÈRE FOIS : -------------

C'est mon premier spectacle, ma première tournée, la première fois
que je fais ça vraiment, puis... je suis écœuré! Non! Ce n'est pas vrai.
En fait, je suis tanné de conduire. J'ai un vieux char : quand tu regardes
dans le miroir, tu vois en noir et blanc...

Première tournée et première fois que je fais autant de route. Je croise
beaucoup de pouceux... je ne les embarque pas. Parce que j'ai peur qu'ils
entrent dans mon char et qu'ils me lavent la gueule... Mais je me sens
coupable. J'en vois arriver un et je me dis : «Ah non! il va me *spotter*... »
Moi, le cave, je fais semblant de ne pas le voir. «Oh! un nuage!»
Et je fais des petites faces de sympathie poches : «Pas de place!»

La première fois que j'ai eu le feeling de conduire quelque chose,
c'était à La Ronde, dans les autos tamponneuses... Moi, dans les autos
tamponneuses, je suis toujours le crapet pogné dans le coin. Il y a
toujours un motton d'épais qui ne savent pas comment ça marche.
Moi, je suis là-dedans, en plein milieu du tas... Mes amis, ils sont là-bas
et ils ont du fun. Ça se promène, ça se rentre dedans. Moi, je suis dans
le coin avec les matantes, j'essaye de tous les bords, je capote, juste à
côté du *line up* qui me regarde en pensant : «Envoye, débrouille-toi... »
Tu es avec les matantes et c'est plate, parce que là-dedans, quand tu
rentres dans quelqu'un que tu ne connais pas, tu ne peux pas faire :
«HAAAAARGRA!» Non. Tu rentres dans quelqu'un que tu ne connais
pas, et tu peux juste faire : «Toc! Haha...»

Dans la vie, on se souvient toujours de la première fois qu'on fait quelque chose. Plus que toutes les autres fois après.

Quand tu es petit et qu'il y a quelque chose de lourd à soulever dans la maison, c'est toujours papa et maman qui s'en occupent. Quand j'avais neuf ans, il a fallu tasser le gros sofa. Mon père s'installe… Il se plie toujours en remontant un peu son pantalon en haut des cuisses et il y a toujours un bruit qui vient avec ça : «Harrrrr!» Les pères, quand ils arrivent à quarante ans, ça fait un bruit quand ça se penche : «Harrrrr!» Plus ils vieillissent, plus le bruit grossit. Mon grand-père, à quatre-vingt-six ans, c'est : «HARRRRRRR!» Moi, j'ai vingt-six ans : «Har!» Alors, mon père s'installe, il me regarde et me dit : «Louis-José, prends ton bord!»

Ah… Mon premier «prends ton bord»… Là, j'ai compris que j'étais rendu plus fort que ma mère. J'étais tellement content, parce que, en langage père-fils, «prends ton bord», ça veut dire «je t'aime»…

J'aime ça cette phrase-là : «Prends ton bord!»
On l'entend surtout dans les déménagements ou dans les trips à trois…

Peu de temps après ça, chez nous, on soupe, mes sœurs, ma mère et moi. Ma mère n'arrive pas à ouvrir le pot de pickles. Mon père n'est pas là : «Louis-José, peux-tu me l'ouvrir?» Mon premier «peux-tu me l'ouvrir?»… Je pogne le pot, je l'ouvre. Je suis un homme!

Encore aujourd'hui, quand vient le temps d'ouvrir un pot de pickles, nous, les gars, on devient débiles. On est dans un souper, la fille qui reçoit n'est pas capable d'ouvrir le pot de pickles… On est quinze gars en ligne : «Hein, un pot? Passe-le-moi!» On devient sérieux, on est intenses. Et là, toutes les filles crient leur petite technique : «Pogne un élastique; pogne une serviette; fesse dessus avec un couteau; fesse par en dessous; passe-le en dessous de l'eau chaude; fais-le fondre; tire-le dans les airs; danse avec; fais-lui faire le tour du bloc; *kicke* la cacanne; pogne la *crowbar*; sors la pépine!!!»

Avez-vous remarqué la détermination avec laquelle on s'attaque à un pot de pickles? Christie qu'on veut l'ouvrir! Le désir d'ouvrir! Moi, j'ai lâché le cégep, je ne suis pas capable de garder une blonde, mais le pot de pickles, lui, je vais l'avoir en tabarnak!

C'est tellement le fun quand tout le monde a forcé dessus et que c'est toi qui l'as! Je suis le *king*! Sauf que, là, tout le monde dit : «On l'avait *slacké*…»

Je me souviens de ma première job. Ma première demande d'emploi par écrit. Tu as quinze ans, tu n'as jamais eu de job et on te demande :
— Quel était ton dernier emploi?
— Je peinturais la clôture chez mon oncle.
— Raison du départ?
— J'avais fini.

Ma première job, c'était dans une garderie. Il n'y a pas eu de survivants. Je travaillais avec un groupe d'enfants hyperactifs. Je n'ai rien senti... Ils étaient tranquilles.

Je m'occupais des enfants de trois, quatre ans. J'aimais ça, les trois, quatre ans. On connectait. J'aimais vraiment ça, j'étais excité. En fait, je pense que j'aimais trop ça. À un moment donné, ce sont les enfants de trois ans qui m'ont dit : «Louis, câlique... C'est pas sérieux... Nos parents payent...»

Donc première job, première journée, j'arrive. Et, à trois, quatre ans, les enfants ne sont pas totalement autonomes du rectum. Moi, je pensais que c'était réglé. Le premier matin, je suis dans mon local, à genoux, en train d'attacher les lacets des amis. On va faire une sortie à la barboteuse!

Pendant que je suis à genoux, la petite Virginie est aux toilettes, en train de faire un... kit complet... un programme double, une table d'hôte. Elle a fini. Pour elle, pas de temps à perdre, la vie est trop courte. Elle se lève avec son papier, elle vient me rejoindre dans le local : «Louis-José, peux-tu m'essuyer les fesses?» Je suis à genoux, moi! Première journée! Puis, elle s'emporte : «Louis-José, tu m'essuies les feeeeeeesses!» J'ai ses fesses dans ma face. Je me dis : «Wo! Mauvaise haleine...»

Donc, je prends le papier, je m'enligne... Mais là, je ne savais pas dans quel sens aller. Heille, c'est mêlant quand ce n'est pas ton cul! Ce n'était pas le même sexe non plus! Puis, j'avais entendu dire qu'avec ce sexe-là il y a un sens dans lequel il ne faut pas aller pour ne pas que ça se ramasse à la mauvaise place... Je pensais : infections, renvoi, poursuites... Je capotais! Par en haut? Par en bas? Alors, je n'ai pas pris de chance, j'ai fait des ronds...

Ce n'est pas fini. J'avais aussi une Chinoise constipée. Elle était constipée, donc quand elle chargeait, c'était dur, c'était un uppercut, une belle surprise... Pendant la sieste, elle *swigne* une boulette. Je la change, et elle décide que ce serait le fun de sauter à pieds joints avec de la crotte dans les bobettes! La Chinoise revole d'un bord, la boulette de l'autre...

Et là, je cherche la crotte! Oui, je cherche le caca. Je le cherche dans le bac à jouets, prudemment. Mais là, je ne trouve pas la boulette... j'ai perdu la boulette! J'ai fermé la porte de mon local, j'ai assis devant moi la gang d'ex-fœtus, et j'ai prononcé les mots : «OK, qui a pris le caca?» J'ai vraiment demandé ça à du monde dans ma vie : «Qui est-ce qui a pris la merde?» J'ai regardé les dents de tous les amis, aucune trace. Je ne l'ai pas retrouvée. C'est resté mon secret. Mettons que je n'en parlais pas trop aux autres éducatrices : «Hé! Lucie, si tu trouves une crotte, elle est à moi!»

On se souvient toujours plus de la première fois. L'adolescence, c'est une période remplie de premières expériences. Je me souviens de mon premier *party*, en secondaire I. C'était chez René Tousignant. Peut-être que ça ne vous dit rien, mais, dans le fond, tout le monde connaît un René Tousignant.

C'était le gars qui savait comment ça marche. À l'école, quand il y a une présentation vidéo, c'est toujours pareil : le prof arrive avec le chariot qui roule tout croche, il met la cassette dans le vidéo, pèse sur *play*... ça ne fonctionne pas. Ça ne marche jamais. Quand un vidéo entre dans une école, il ne fonctionne plus. Là, personne ne comprend : «Mais que se passe-t-il?» C'est tout croche, l'écran devient bleu, ça griche. Tout le monde dans la classe crie la même affaire : «Mets-le au 3!» Ah! le 3... C'est un peu la solution à nos vies ça, le 3. Mais parfois, ça ne marche pas. Alors, tout le monde crie : «Fais *play*, *VCR*, *line in*, *tv-video*, *select*.» Et au bout d'une demi-heure, il y a toujours un cave, dans le fond, qui crie : «Fais *power*!»

Là, le prof finit toujours par demander : «Est-ce que quelqu'un sait comment ça marche?» Il y a toujours le gars qui sait comment ça marche. Celui qui va à l'école avec une mallette en cuir... Bon, pour nous, c'était René Tousignant.

Donc, mon premier *party*, chez René Tousignant. Moi, je restais à Brossard et ça, c'était un *party* de sous-sol à Candiac. Très jet-set... C'étaient les belles années, 1991–1992, le nouveau bon vieux temps. J'ai douze ans, une moustache en boutons, je vais à l'école avec un thermos des Nordiques... Quand j'arrive là, les gars sont d'un bord, les filles sont de l'autre. Il y a des chips au vinaigre, des crottes de fromage, deux litres de Kik-Cola. Ça puait la puberté!

Je descends dans le sous-sol, on commence à danser... On faisait le gars qui court, mais qui reste sur place. Moi, j'avais un petit *move* de plus : je décochais sans avertissement. Quand tu étais hot, tu brassais le bassin en plus... J'aime ça danser...

Les gens qui font de la danse en ligne, ils n'ont jamais l'air de vraiment tripper. Ils ont toujours l'air simili blasé... Puis, ils ajoutent une petite variante aux demi-heures. Et il y en a toujours une de perdue au milieu : «Je ne connais pas les pas, je vais vous suivre... Attends-moi, Denise!» Mais tu n'en verras jamais un qui s'écrie : «*Yeah! Come on!*»

Donc, je dansais, et au bout de dix minutes, je ne savais plus comment bouger. Je commençais à manquer d'imagination... et de dignité. Je décide d'aller au bar. Je m'envoie trois, quatre Pepsi... diète, quand même, j'étais en vélo... Et là, il y a eu un slow. Je *spotte* une fille : Mylène... Elle avait douze ans, mais elle était *shapée* comme si elle en avait treize.

Je vais la voir, et c'est finalement avec elle que j'ai dansé mon premier slow... À la fin du slow, la musique arrête. Je me suis dit : «Ça y est, je vais *frencher*!» C'était mon premier *french*, alors je m'enligne... J'avais entendu dire que pour *frencher*, il fallait sortir la langue et tourner. Sauf que moi, je pensais qu'il fallait sortir la langue et tourner sur moi-même...

C'était d'une tristesse... J'étais gêné. Non, ce n'était même plus de la gêne. J'ai entendu la gêne en dedans de moi qui a dit : «Non. Non, ce n'est pas vrai... ce n'est plus dans mon département. Je viens de *pager* la honte, elle s'en vient... Et elle est avec sa chum, l'humiliation.»

Pendant que la gêne changeait de *shift* avec la honte et l'humiliation, j'ai vu ma fierté qui a fait : «OK, bye! Je vais y aller, moi...»

C'est ce soir-là que j'ai pris de la drogue pour la première fois... et la dernière fois.

Personne ne me croit. Tout le monde pense que je prends de la coke. «Il est énervé, paquet de nerfs, il est speedé, il prend de la coke, il prend du speed et de la coke, il fait des lignes, des lignes doubles, Montréal-Québec, sniiiiiiif! Ah oui! deux narines là-dedans...»

Heille! Me verriez-vous vraiment sur la coke? J'exploserais! Moi, prendre de la coke, ce serait comme si le pape prenait des calmants...

Je ne prends pas de drogue parce que, honnêtement, je n'en ai pas besoin. Je *buzze* avec un rien.

PENSEZ-
VOUS
QUE
J'AI
BESOIN
DE
FUMER?

Moi, quand je mange des chips et que j'en pogne une grosse, je me dis toujours : «Heille! Une grosse chips…»

Pensez-vous que j'ai besoin de fumer?

Quand je parle au téléphone, je prends un crayon et ma main se met à dessiner toute seule des petits carrés, des ronds… OK, je ne suis pas le seul à qui ça arrive, mais qui est-ce qui le fait encore deux heures après avoir raccroché?

Parfois, je me réveille la nuit et je me dis : «Câlique que je suis content de ne pas être un raisin sec.»

Je n'ai pas besoin de drogue : j'ai trop de projets bizarres.

Mon but, c'est de m'acheter un hamster et de le mettre dans le micro-ondes juste cinq secondes, rien que pour lui faire peur…
Je le vois frapper dans la vitre de plus en plus vite : «Mais qu'est-ce que c'est que cette plaisanterie?»

Je veux m'acheter une Ferrari pour poser une boule en arrière et accrocher une tente-roulotte, rien que pour *fucker* le chien…

Alors, prendre de la drogue en plus, non!

Ce soir-là, dans le sous-sol chez René, il y avait un joint. On était comme trente-quatre autour d'un joint… J'étais nerveux. Il s'approche, je le prends dans mes mains, et je me demande : «Est-ce que quelqu'un sait comment ça marche?» René Tousignant sort des toilettes avec sa mallette, il m'arrache le joint, prend trois *poffes*, il est complètement gelé, il fait un trip de bouffe : chips au vinaigre, crottes de fromage, pot de pickles, pas capable d'ouvrir le pot… tout le monde est là : «Pogne un élastique, pogne une serviette, mets-le au 3!»

Donc, je n'ai pas touché au joint. Sauf que, sur la table, il y avait des muffins bruns et verts. Moi, dans ma tête de douze ans, c'est : «Ah! la mère de René a fait des muffins au blé et aux pommes. C'est nutritif.» J'avais faim, je pogne un muffin, je l'engloutis, vraiment, je lui sacre une volée. Le muffin n'était pas au blé et aux pommes… mais il était très nutritif. Là, pensez-y : je n'ai jamais été gelé, je ne sais pas ce que c'est. Et je ne me doute pas que je suis supposé être gelé. Je me dis : «Ça y est, c'est fini, je pète ma coche.» J'étais certain que j'allais perdre connaissance. Je n'aurais pas perdu grand-chose…

Je suis passé devant un miroir et je me suis vu les yeux :
fermés de même… tous les trois!

C'est là que j'ai compris que j'étais gelé. Pour la première fois. Et j'avais

peur. Juste le mot me faisait peur : **D R O G U E** . Ça sonne

grave, «drogue», ça sonne dur, «drogue»! C'est agressif, «drogue», ce

n'est pas comme «miel»! «Drogue», on dirait que le **◊** veut te péter la

gueule! Moi, j'avais tellement peur de la drogue, j'étais tellement trauma-

tisé de me retrouver drogué et j'étais, en passant, tellement drogué, que

tout ce que je voyais, c'était le mot **D R O G U E** avec le

◊ qui voulait me péter la gueule. J'étais surpris, parce que le **◊**,

d'habitude, il est sympathique. Je n'ai jamais eu de troubles avec un **◊**.

Si mon père était une lettre, il serait un **◊**. Il a la même silhouette et il

répète toujours les mots «oh! oh!», «oh boy!», «ho pelaille!»…

Je trouve que ça a l'air gentil, un **◊**, c'est tout rond. Mais moi, ce que

je voyais, c'était un gros **◊** qui me roulait après dans la maison…

Je descends au sous-sol rejoindre le monde. Tout le monde est là, je les

vois tous. Mais ce n'est plus du monde, ce sont des lettres. Je suis une

surprise dans une boîte d'Alpha-Bits… Le **A** me regardait. Le **A**,

c'est une lettre à deux faces. Le **A**, tu le veux dans ton bulletin, mais

tu ne le veux pas quand tu as des seins. C'est le contraire du **C**. Ils

étaient tous là : **K , F , G** … Il y avait le gros **D** sur la piste

de danse. Il pognait le cul des petites voyelles. Il s'est déjà fait prendre

avec des minuscules… Ça boit, ça parle. Tout le monde écœurait le **Z** .

Il était au mauvais *party*. Là, la bataille a pogné. Le **L** fessait à coups de sacoche. Le **M** protégeait le **N**, son petit frère. Le **I** criait : «Arrêtez!» Le **I**, c'est la petite lettre gentille, délicate, de l'alphabet. Si ma mère était une lettre, elle serait un **I** : toute petite, la face ronde… et elle fait toujours : «Hiiii!…» Il y avait un gros christie de **P**! Avec sa grosse face de **P**, il était accoté sur le mur, jasait avec un **T**. Le **P** dit : «Peux-tu me dire ce que je fais dans "baptême"? Pourquoi est-ce que je dois me déplacer pour ça?» Puis, j'ai vu une cédille paquetée! Elle est partie avec le **K**… Le **C** était en tabarnak! J'ai jasé avec les deux parenthèses : sont fifs. **Y** sortait des toilettes.

Il était à l'envers…

Je suis allé le voir : «Il faut que je te demande quelque chose : qu'est-ce que tu fais dans les voyelles?» Le **Y** ne *fitte* tellement pas dans les voyelles : **A, E, I, O, U… Y**! Il ne *fitte* pas dans le groupe, il est comme le beurre de pinottes dans les viandes et substituts.

What the fuck?! C'est une passe. Tu vois que les deux oursons Kraft connaissaient un steak, puis ça s'est fait… Le beurre de pinottes : «Wouhou! j'suis d'la viande!»

HEILLE, TA GUEULE!

Là, j'ai pogné un *down*. Je me suis assis sur le futon; c'était hot, en 1991, un futon… Je placotais avec **@**. Il était parlable, il n'était pas encore connu.

Mais je me disais : « J'ai 12 ans, je suis un drogué. » Je n'aimais pas ça.
Je me suis dit : « Je ne prendrai plus jamais de drogue. » Et je n'en ai
jamais repris.

À cause de ce soir-là, le mot « drogue » me fait encore plus peur. DROGUE!
Ça sonne grave, DROGUE! Ça sonne dur. « Bière », non. « Bière », ça a l'air
gentil, c'est un petit mot léger, un petit mot de terrasse. Une petite bière,
une bière… c'est un mot qui a l'air smatte, on dirait qu'il t'envoie la
main, avec son accent : « Allez, viens! » Donc, plus tard, je suis allé vers
la bière. C'est ce soir-là que j'ai pris ma première brosse. Moi, dans la
même soirée : premier *party*, premier slow, premier *french*, premier joint,
première brosse. C'est quatre saisons de *Watatatow*!

Première brosse. Chez René, assis dans la cuisine, je suis en train
de boire ma première bière à vie. Je finis la bière, je me lève : « Wo…
C'est ça être soûl… *Fuck* le Nintendo! » Finalement, j'ai viré une christie
de brosse : j'en ai bu deux! Le lendemain, je suis à genoux devant la
bolle, dans mon pyjama des Nordiques.
Là, mon père arrive.
— T'as pris de la boisson?
— Oui.
— As-tu fait des affaires avec des petites filles?
— Non.
— Voyons! T'es ben poche! Tasse-toi, que je pisse!

La première fois qu'on fait des « affaires », comme dit mon père, on s'en
souvient toujours. Moi, la première fois, j'avais quatorze ans. Certains
disent : « Ah! faire l'amour la première fois à quatorze ans, c'est jeune. »
Oui. Sauf que, la deuxième fois, j'avais vingt-deux… donc ça s'annule.

Moi, quand une fille me demande avec combien de filles j'ai couché,
je réponds toujours cinq. Ça fait propre. Ça fait « je connais la *game*…
mais je ne joue pas dans une ligue ». Une fois, je rencontre une fille qui
me dit avoir couché avec plus de cent gars. Avant de baiser avec elle,
je l'ai fait bouillir! Mais la première fois, je m'en vais chez la fille en
bicycle et je me dis : « Ce soir, c'est le grand soir. Elle ne pourra pas
me résister, j'ai mis mon chandail Vuarnet. »

J'arrive là, on commence à *frencher*… Quand j'arrête de tourner, elle
se déshabille. Je me déshabille, je mets mon condom des Nordiques…
C'était la première fois que je voyais une fille toute nue… *live*. Je regarde
ça et je dis : « Est-ce que quelqu'un sait comment ça marche? » Là, René
Tousignant sort du garde-robe avec sa mallette. Il s'installe, me regarde
puis me dit : « Louis-José, prends ton bord… »

ENCORE L'ENTRACTE.

CE SERA PAS LONG.

BEN... C'EST QUAND MÊME VINGT MINUTES.

BON, ÇA VA FAIRE.

----------------: DEUXIÈME PARTIE DU SPECTACLE :----------

--------------- : LES ORTEILS : -----------------

Je préfère donner mon spectacle l'hiver, parce qu'il y a une chose qui
m'énerve de l'été : il y a trop de sandales. Arrêtez de mettre des sandales!
L'été, on fait des spectacles : en avant, rack à orteils! Les gens arrivent
avec leurs orteils et le cœur me lève. Moi, ça m'écœure, des orteils,
j'haïs ça, des orteils. C'est laid. J'ai peur des orteils! C'est dégueulasse,
c'est comme un restant de pieds. Petites crottes avec un ongle au bout,
petits doigts de poulet humains. Le pire, c'est quand les ongles sont trop
longs et qu'ils deviennent jaunes. Je suis certain que les orteils, c'est une
maladie de pieds, mais qu'on ne le sait pas encore...

Mes orteils m'écœurent, mais vos orteils m'écœurent vraiment!
Je n'aime pas ça rencontrer quelqu'un et voir ses orteils. C'est comme
trop d'information.

C'est laid et, en plus, ça n'a pas de nom. C'est poche. Les orteils n'ont
pas de nom. Chaque doigt a son nom : euh... auri... euh... ann... euh...
pouce! Mais les orteils, non! Bon, on connaît le petit orteil, le gros orteil,
mais les trois autres crapets dans le milieu, qui sont-ils? Ce sont des
figurants de pieds. Ils n'ont pas de noms, on ne les connaît pas. C'est
comme les Jackson Five... on connaît le petit Michael, le gros Tito,
mais les trois autres dans le milieu...

Oui, j'haïs les orteils, je trouve ça laid. La main, par exemple, c'est
plus beau, plus pratique. Mais encore là, tu vois que la chicane est
prise, ça ne va pas bien. Regarde le pouce : personne ne l'aime.
Il est complètement rejeté. L'hiver, il n'entre même pas dans la
mitaine. Les autres ont un gros condo de mitaine à quatre...

Imaginez-vous des couples chez les doigts... Moi, je dis que l'index sort avec le majeur, l'annulaire, avec l'auriculaire. Parfois, le majeur et l'annulaire ont une aventure... Donc eux, ils sont quatre dans un grand loft, puis le pouce est tout seul dans le garage non chauffé. Je suis certain que les doigts passent leur temps à écœurer le pouce : «Ha! ha! Petit gros, t'as juste deux phalanges...» Ça, c'est une insulte de doigts. «Ha! ha! tu ne rentres même pas dans la narine!»

Donc, le pouce est un peu l'épais de la main. L'index, lui, c'est le doigt fatigant de la main. Parce que, chaque fois que la main fait quelque chose, il est toujours impliqué : tourne une poignée de porte, allume la lumière, bois une bière. Tu pitonnes, tu grattes, tu piques, tu goûtes, tu pointes, tu tires... Chaque fois que la main fait quelque chose, il faut toujours qu'il participe. Il est comme le Gregory Charles de la main : «Je veux le faire... je veux le faire!»

Le majeur, lui, c'est le boss, le papa. Il est fort et il a de l'impact. Il est tellement baveux que, quand il se dresse, les autres se cachent derrière lui : «Oh non! il fait encore ça! On va se faire péter la gueule.» Ils savent que ça ne va pas bien...

L'annulaire, bon, c'est vraiment le doigt inutile de la main. Chaque doigt a un petit signe, une petite fonction.

1 Le pouce en l'air : «Bravo!» **2** L'index en l'air : «Attends une minute!» **3** Le majeur en l'air : «*Fuck you!*»

Mais l'annulaire, jamais personne ne le lève ■ ■ ■ Il n'a pas de job

manuelle ■ ■ ■ Bon, parfois, il est réserviste aux pichenottes ■ ■ ■

Quand tu as l'ongle du majeur mauve, tu *switches* à l'annulaire.

C'est le *backup* pichenottes.

Il n'a tellement rien à faire qu'on s'est dit : «On va l'occuper, on va lui trouver une job.» Alors, quand on se fiance, on lui met l'anneau, ça lui donne un petit look vedette. Avec une bague, il est tout brillant, il fait son frais. Il est comme le Puff Daddy de la main... C'est une vedette trop vedette pour participer aux tâches ménagères comme pitonner au téléphone ou sur le micro-ondes. Non, dans ce cas-là, on envoie Gregory Charles : «Je veux le faire... je veux le faire! Les débrouillards!»

C'est comme le deuxième orteil. Il y en a beaucoup, beaucoup trop qui ont le deuxième orteil plus long que le gros orteil. Ostie que c'est laid! C'est comme une espèce d'orteil « frais chié » qui sort de même. Moi, je trouve que le deuxième orteil, c'est l'orteil le plus laid. Tout long, un peu croche. Il fait penser à Gaston Lepage...

Le pire, c'est qu'il y en a qui mélangent orteils et... sexe! Il y en a qui se lèchent les orteils! C'est dégueulasse! «Chérie... laisse faire le déshabillé, la musique cochonne, je vais te lécher le Gaston Lepage! Mets-toi une gougoune, ça va faire comme un G-string...»

Le petit orteil, lui, il fait pitié. Le petit orteil, c'est le seul orteil qui n'est pas droit. Il est un peu aplati et il *curve*... Puis, as-tu vu l'ongle après ça? C'est quoi ça? Ce n'est même pas un vrai ongle, c'est comme une petite capine de juif d'ongle et il est toujours par en dedans... On dirait qu'il voit le coin du mur qui s'en vient, puis qu'il fait : «Ah non! pas encore, tabar...»

Je n'ai pas juste de la misère avec les orteils, j'ai de la misère avec tout mon corps. On est en chicane, tous les deux. Je fais un ulcère à l'estomac. «Ulcère», on dirait un vieux mononcle. Mononcle Ulcère...

À vingt-six ans, je fais un ulcère. Mon grand-père, lui, est en pleine forme. Il a quatre-vingt-six ans et il habite dans un centre d'âgés, une place d'âge. On dit que les vieux sont seuls. Voyons donc! Ils sont deux cents là-dedans! Je suis certain que ça *rave* la nuit...

À quatre-vingt-six ans, il vient de se faire une blonde. Elle a quatre-vingts. Il les aime plus jeunes... L'autre jour, je le vois et je lui dis : «Pis, grand-papa, c'est sérieux avec Euphémie? As-tu rencontré ses parents?»

Mais vingt-six ans, c'est quand même treize millions six cent soixante-cinq mille six cents minutes. Ça va vite, hein?

Quand j'avais un ou deux millions de minutes, j'étais convaincu que
dans la vie, à un moment donné, on changeait de nom. Je m'appelais
Louis-José, mais je ne voyais aucun adulte qui s'appelait Louis-José.
Ni aucun adulte qui s'appelait Étienne, Jonathan, Marc-André, Geneviève,
Karine. On n'a pas les mêmes noms que nos parents. Pour moi,
les parents sont tous des Roger, des Robert, des Lise, des Denise,
des Diane. Je pensais qu'on devenait des Roger. Je ne pensais pas
qu'on pouvait naître Roger. Parce qu'il n'y avait jamais de petits Roger.
C'étaient tous des grands ou des gros Roger. Je pensais qu'on s'appelait
comme ça avec le temps, j'étais certain que, quand tu devenais grand,
on te donnait un nom d'adulte. Moi, je voulais être un Marcel.

En plus, ma mère se faisait souvent demander son nom de fille. J'avais cinq
ans quand la réceptionniste à l'hôpital avait posé la question à ma mère :
— Votre nom de fille ?
— Caron.
Alors moi, quand j'étais petit, je pensais que, quand ma mère était petite,
elle s'appelait Caron Houde.

Mon père, lui, s'appelle Martin. Tout le monde trouve que ça fait jeune pour un père. Oui, mais quand il sort de la piscine avec ses shorts montés jusqu'au nombril, ça fait moins jeune!

J'arrive en première année. Dans la classe, deux petits gars s'appellent Martin. Je me disais : «Woooo! Ils ont déjà leur nom d'adulte? Comment ils ont fait?» Alors, j'ai levé la main et demandé au prof : «Francine, à quel âge on a notre nom d'adulte?» Tout le monde s'est retourné et, de la manière qu'on me regardait, j'ai su que je n'embrasserais pas de petites filles cette année-là...

Quand j'avais quatre, cinq millions de minutes, j'écoutais souvent le hockey à la télé. Et au hockey, le commentateur dit souvent : «On va aller voir le pointage à l'étranger, on va voir ce qui se passe à l'étranger, on va rejoindre Georges à l'étranger.» Moi, jusqu'à l'âge de douze ans, je pensais que «l'étranger», c'était une ville...

Chaque fois qu'il y avait une partie ailleurs, c'était tout le temps à Létranger. Je me disais : «Crime! Grosse ville de hockey!»

En plus, tout le monde qui partait en voyage allait toujours à Létranger. Je me disais que ça devait être une christie de belle place! J'achalais mon père pour qu'il m'amène à Létranger. Je voulais voir le centre-ville de Létranger, le stade de Létranger! Je voulais un t-shirt «*I love Létranger*»!

En sixième année, dans le cours de géographie, on parlait des grandes villes. Le prof me pose une question :
— Toi, Louis-José, quelles grandes villes connais-tu sur la planète?
Et moi, je réponds :
— New York, Paris, Létranger...

Tout le monde éclate de rire :
«Ha! ha! Louis-José pense que l'étranger, c'est une ville! Ha! ha!»
Je capotais, je voulais m'en aller, partir dans le Néant, le pays, là...

Autre phrase que j'ai entendue quand j'étais petit : «Oh! et là, Peter Statsny fait une passe à l'aveuglette...» Moi, l'aveuglette, je pensais que c'était un gars...

Quand j'étais petit, je restais à Québec. Laveuglette, je pensais que c'était un joueur des Nordiques. Et chez les Nordiques, Laveuglette avait beaucoup de temps de glace...

Mes amis me demandaient souvent : «C'est qui ton joueur préféré?»
Je répondais : «Laveuglette… Ils l'ont échangé à Létranger. Je capote!»

Ce sont des choses que j'ai apprises au fil de mes minutes de vie…
Mais aujourd'hui, je suis quand même rendu à treize millions
six cent soixante-cinq mille six cents minutes. Et je suis un peu déçu.
Je pensais être plus intelligent et moins ignorant que ça, rendu à
treize millions six cent soixante-cinq mille six cents minutes et
dix secondes.

Par exemple, au dépanneur, je ne sais pas encore si j'ai le droit d'attendre
ma cenne. Je m'explique. Je vais au dépanneur et ça me coûte 3,49 $.
Je donne 3,50 $ à la caissière et là, je suis comme gêné d'attendre ma
cenne… Je ne veux pas avoir l'air du gars qui attend sa cenne. Je fais
semblant que je ne le sais pas trop, je regarde le chocolat, je fouille dans
mes poches, je me trouve une activité sur le comptoir… Quand elle
me redonne la cenne, je fais une face de : «Quoi? un sou?» On a une
face de une cenne. On fait toujours la même petite expression quand il
nous revient un sou. Donc, je me sens coupable d'attendre un sou,
mais si je ne le prends pas, on dirait que je dis à la fille : «C'est pour toi,
la grande, va te gâter!…»

Autre mystère… Je ne sais pas pourquoi quand on croise quelqu'un
et qu'on arrive face à face, c'est tout le temps drôle. Je m'explique.
Tu marches dans la rue, quelqu'un arrive en face de toi, tu vas naturelle-
ment du même côté que lui : «Ah! Excuse!» Tu passes ensuite de l'autre
côté et c'est fini. Mais, fais-le deux, trois fois. Oh! partie de plaisir :
«Euh… excuse, excuse, excuse. Ha! ha! ha!» Ça, c'est cocasse!
On s'est presque rentré dedans trois fois, quelle folie!

C'est incroyable le nombre d'affaires que je ne savais pas à quatre,
cinq millions de minutes, mais que je pensais savoir rendu à treize millions
six cent soixante-cinq mille six cents minutes et que, finalement, je ne
sais pas pantoute.

Je ne sais pas comment faire un massage cardiaque. Une RCR. C'est un
cours de trois heures qui peut sauver des vies. Moi, je n'ai pas le temps.
Ah! Showbiz! Pas le temps. En plus, ma mère commence à manquer de
souffle un peu. Elle pourrait tomber à côté de moi. Bang! «Qu'y a-t-il?…
Excuse-moi, Caron…»π

Je ne sais pas non plus pourquoi, à la banque, ils ne mettent plus de vitre
au comptoir où se trouve tout l'argent… mais le stylo, lui, est attaché
après une chaîne! «Ils ont volé huit millions de dollars, mais on a le bic!»

Je ne sais pas pourquoi, quand tu achètes des biscuits durs, ils deviennent mous, et quand tu achètes des biscuits mous, ils deviennent durs!

Je ne sais pas à partir de quelle heure dans la nuit on se met à puer de la gueule. À partir de quelle heure l'haleine du matin rentre en service? «*Go*, ça pue!»

Je ne sais pas s'il y a un ancien Brunswick.

Je ne sais pas c'est quoi une personne âgée «semi-autonome». On l'aide à s'asseoir... mais on la lâche rendu à la moitié du chemin?

Hé! hé! Tu sais le *beat* qu'on joue en frappant à la porte: ta tatatata tata! C'est quoi ça? Ça vient d'où? Est-ce que c'est juste moi qui ne le sais pas? C'est juste moi que ça énerve? Le pire, c'est ceux qui essayent de le faire en klaxonnant, mais qui ne l'ont jamais. Ça donne: ta taa taaaa ta... Ta gueule!

Je ne sais pas pourquoi, dans toutes les maisons, il y a une *switch* qui n'allume rien. Une christie de *switch* «agace-lumière»... Il faut pourtant qu'il se passe de quoi. Peut-être que, chaque fois que je l'allume, il y a un fermier au Gabon qui fait: «Haaaaaaaarrrrr!»

Je ne sais pas pourquoi on dit une «demi-douzaine». Six! Le mot est là, prends-le! Six! Non, c'est: «Je vais t'en prendre une demi-douzaine...» Ta gueule! Six! Il y a un mot pour ça, ils y ont pensé! Tu n'as pas besoin de l'expliquer!

Je ne sais pas qui sont les gens qui servent de modèles sur les cabines de photos à deux piasses dans les centres d'achats. On ne les connaît jamais! Puis, christie qu'ils sont laids!

Je ne sais pas pourquoi, dans la douche, on prend notre savon et on se savonne toujours sur la poitrine. Qui se salit ici? Qui est-ce qui est sale de la poitrine? Qui fait la cuisine avec ses boules? Qui se creuse un jardin avec sa poitrine? Comment peut-on être sale du *chest*? À moins d'être une danseuse qui travaille vraiment fort...

Mais on se savonne toujours la poitrine, tandis que pour les pieds, qui font toute la job sale, on leur donne juste deux, trois coups et on se dit qu'ils vont pogner les restants de mousse par terre et qu'ils vont être corrects.

Je ne sais pas pourquoi, dans la salle de bains, quand je branche autre chose qu'un rasoir dans la prise «rasoir seulement», j'ai la chienne. J'ai toujours peur que quelqu'un du gouvernement entre : «Heille! c'est rasoir seulement!»

Je ne sais pas pourquoi je ne suis pas capable de faire un kit complet, un numéro deux, une table d'hôte... déshabillé. L'autre jour, je suis dans ma salle de bains, je suis tout nu et je m'en vais dans la douche. Avant d'entrer dans la douche, il me prend une petite envie de... Je m'assois sur la toilette, tout nu. Non. Ça ne marche pas. Il manque quelque chose. Je me lève, je prends mes bobettes, je les dépose sur mes chevilles. Ça me prend quelque chose aux chevilles.

Et je ne sais pas non plus d'où viennent les bols de toilette en minou. Parfois, tu arrives chez une tante et tu découvres que sa bolle a une tuque! Les gars, parfois, on arrive, on lève le couvercle, on commence à opérer... puis là, ça tombe. Ça ne tient pas debout! Achetez ça moins épais, s'il vous plaît! C'est de l'espèce de poil synthétique. On se demandait ce qui était arrivé avec les Câlinours... tous transformés en bols de toilette!

Je ne sais pas pourquoi un tube de pâte à dents, ça ne finit jamais... Ça serait simple pourtant : il est fini? Tu le jettes. Mais, non. Chez nous, on n'avait jamais le droit de jeter le tube de pâte à dents. Ma mère arrivait : «Il en reste encore, il n'est pas fini...» T'es pogné avec le vieux, tu le ramones sur le comptoir, tout *flat*, quasiment coupant sur les côtés... Tu presses, tu pousses avec tes pouces et tes index... Envoye! Envoye! Et là, il y a une petite crotte de pâte à dents qui sort et qui te regarde de même : «Hi! hi! hi!» Elle n'est pas certaine. Tu pousses, tu n'as plus de sang dans les pouces, elle te regarde et : «Ta tatatata tata!» Tu la regardes, tu dis : «Reste là, ma câline!» Tu forces, tu la tiens, tu lâches pour prendre ta brosse à dents et c'est là qu'elle fait : «*Fuck you!*» Puis, elle rentre en dedans, la tabar...

Moi, c'est à cause du brossage de dents que je fais de l'humour. Ça a
été ma première *joke* devant public. En quatrième année, le prof parlait
du brossage de dents, elle m'a demandé :
— Toi, Louis-José, est-ce que tu te brosses les dents de haut en bas
ou de bas en haut?
J'ai répondu :
— De temps en temps!
Merci.

Je ne sais pas pourquoi, mais je ne bois jamais l'eau de la salle de bains.
Elle n'a pas l'air bonne. Je ne la *truste* pas. Personne ne se désaltère
dans la salle de bains…

C'est peut-être à cause du verre dans la salle de bains. Le fameux verre
à côté du lavabo. Est-ce qu'il y a quelque chose de plus sale que le verre
d'eau de la salle de bains? Qui lave son verre de salle de bains?
On dirait un verre en punition.

J'aime ça prendre ma douche. Moi, j'ai une douche téléphone. Ça c'est
pratique, une douche téléphone : je ne paye pas l'eau chaude le soir et
les fins de semaine…

Moi, je pense qu'on devrait nous vendre le savon à l'épaisseur qu'il a
quand il est juste sur le bord de casser. Parce que, quand tu te laves
avec le savon mince, sur le bord de fendre, tu es délicat, tu te laves
doucement. Tu ne veux pas qu'il brise. «Ah! Il a pété», alors là,
tu choisis la moitié la plus grosse, puis tu rentres l'autre dans le trou.

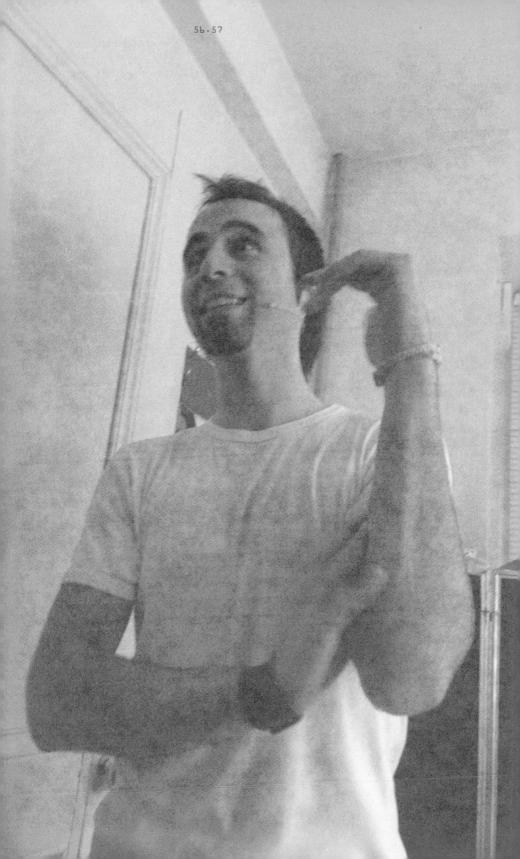
56.57

Non, je ne sais pas grand-chose. Je me trouve ignorant et là, c'est pire parce que je vis tout seul. Donc, je suis responsable de tout dans la maison, mais je ne connais rien. Alors, quand quelque chose brise chez moi et que René Tousignant n'est pas là, je ne connais qu'une solution : «C'est les *breakers*!» Mes mononcles disaient ça : «C'est les *breakers*!» C'est mon mot d'adulte, *breakers*. C'est tout le temps les *breakers*. La lampe ne fonctionne pas, c'est les *breakers*. Le mur est défoncé, c'est les *breakers*.

Ce que j'aime le plus dans le fait d'habiter tout seul, c'est quand le téléphone sonne. C'est tout le temps pour moi. Le monde m'aime. Je suis en demande. Je suis comme une fraise dans une salade de fruits... Je peux enfin répondre en épais. La réponse que je fais, ces temps-ci, vous l'essayerez. Le téléphone sonne, je réponds : «Oui, Bob, s'il vous plaît.» Et la personne qui appelle ne sait plus comment réagir : «Hein, quoi? Qui est-ce qui appelle? Je ne comprends pas, mais qui, mais quoi, mais ou et donc car ni or?»

Comme je vis tout seul, il faut que je m'invente un petit monde. Parfois, j'emmène mon petit monde à l'extérieur. Quand je veux mettre un peu de piquant dans ma vie, je vais à l'épicerie, j'achète douze articles et je passe à la caisse réservée aux dix articles et moins… Là, je vis ma vie à cent milles à l'heure! Je suis un *bum*, je prends des risques! Est-ce que ça arrive qu'ils te renvoient de la caisse en disant : «Disqualifié!»

Je vis seul, mais bon, je sors. L'autre jour, je suis allé au hockey avec tous mes amis. J'avais une paire de billets…

C'est qu'avec mon travail je rencontre de plus en plus de monde, mais j'ai de moins en moins d'amis. Je me promène, je rencontre plein de gens, mais pendant ce temps-là, je ne vois plus mes amis. Mes amis sont comme des deux dollars en papier : on en voit encore de temps en temps, mais on ne sait jamais s'ils sont encore bons.

Parfois, à la radio, ils proposent un concours «Gagnez un voyage dans le Sud pour vous et dix de vos amis». Moi, j'entends ça et je me dis qu'il ne faudrait tellement pas que ça m'arrive! Je trouverais ça où, dix amis? J'ai tellement plus dix amis! On arriverait là : «Euh… on est juste quatre.» «Disqualifiés!»

Je n'ai même plus de meilleur ami. Je pense que ça se perd avec les années, le meilleur ami. J'ai beaucoup de bons chums, mais pas de meilleur ami. Mais j'ai un ami préféré. Il y a un de mes amis que j'aime le plus. J'ai comme un *kick* dessus. J'aime vraiment ce gars-là, mais je suis gêné de dire que c'est mon meilleur ami. Tout d'un coup que, moi, je ne serais pas son meilleur ami?

C'est délicat, cette affaire-là du meilleur ami. Tu ne peux pas dire de quelqu'un que c'est ton meilleur ami si tu n'es pas certain que ça te revient. Je me souviens qu'avant, quand j'avais un meilleur ami, je l'avais entendu dire à sa mère au téléphone : «Maman, je vais amener Éric, c'est mon meilleur ami…» Il me trompait avec un autre!

Donc, je n'ai pas de meilleur ami. Mais j'ai un pire ami… on a tous un pire ami. Un ami qui nous aime plus qu'on l'aime. Un ami de série B. Un ami qui justifie l'achat d'un afficheur…

On a différentes sortes d'amis : le meilleur ami, le pire ami, il y a aussi la connaissance. Une connaissance, c'est quand tu rencontres une fille que tu connais, mais que tu n'es pas certain si tu lui donnes deux becs. Tu es là : «Hé! salut…» Tu fais des feintes. Parfois, tu t'engages, mais c'est elle qui ne s'avance pas…

Une connaissance, c'est aussi quand tu rencontres un gars que tu connais, mais tu n'es pas certain d'avoir le droit de lui donner la main comme ça, en *chummy*, par en haut. Parce que les gars, on a différentes sortes de poignées de main. Il y a la classique, celle de tous les jours. Et parfois, on met l'autre main par-dessus...

Puis, il y a la *chummy*, quand on *jacke* par en haut. Quand je rencontre une connaissance, j'y vais avec la classique... Des fois, l'autre s'essaye pour la *chummy*! Là, il y a comme un conflit de mains, un genre de malaise de mains. Le gars force, je concède la *chummy* puis je passe pour un gars facile et je n'aime pas ça!

Ce qui est vraiment laid, c'est une fille qui donne la main *chummy*. Une fois, je termine un spectacle, il y a une fille qui vient me voir : «Hé *man*! super bon show!» Et elle me fait une poignée *chummy*. Hhhhhrrrrrrak! Bûcheronne! Ça ne marche pas pour une fille. C'est trop masculin comme pose. C'est comme un gars qui se met du Lypsyl... Pas devant le monde! Moi, j'en mets, mais au moins je me cache. Tellement pas viril comme pose! Ça ne fait pas trop : «Hé! je vais te péter la gueule!», quand le gars se met du Lypsyl à la cerise.

Il y a aussi l'ami d'enfance. L'ami d'enfance est ton ami parce qu'il restait sur ta rue. Quand tu es jeune, quelqu'un reste sur ta rue, c'est ton ami. Il a une piscine? C'est ton meilleur ami.

Avec les années, l'ami d'enfance devient comme des vieux souliers. Quand tu as des nouveaux souliers, tu ne jettes pas les vieux tout de suite. Tu les gardes un bout de temps. Tu te dis : «Bah! d'un coup que je peinturerais...»

Il faut se garder beaucoup de monde autour de soi, parce que la vie est presque toujours faite pour deux : pour les amis, pour les couples, pour les paires. C'est toujours une paire de billets. Il n'y a pas beaucoup de gens qui sont venus ici tout seuls. Mais je suis certain qu'il y en a... Il y en a toujours deux, trois qui sont venus tout seuls. Vous autres, vous êtes comme le mystère de votre rangée. «Il est tout seul, c'est spécial... Moi, je suis deux, je suis correct. Je me demande ce qui ne fonctionne pas dans sa vie...»

Je le sais, parce que ça m'arrive d'aller voir des shows tout seul. Et c'est ça qui est dur, c'est le fait d'être tout seul quand tout le monde est ensemble. Je ne suis pas capable. L'autre fois, je suis allé voir un show tout seul. Heille! l'entracte tout seul, c'est un peu platounet. Là, le monde commence à te reconnaître : «Hé! c'est Georges-Jean-Louis Houle!» Il y en a toujours un qui veut être *funny* : «C'est Louis-José Mondoux!»

Et je les entends : « Il est tout seul ! *Man, checke* ça, il est tout seul. Comment ça se fait ? C'est un humoriste, il est presque connu ! »

Ce n'est pas normal de voir quelqu'un tout seul dans un endroit public, et quelqu'un comme moi, c'est pire parce qu'on se dit que je suis jeune, que je dois sortir, que je connais tout le monde dans les bars, que je fais la tournée, que je transpire de l'alcool… Non. C'est assez tranquille ! Combien de samedis soirs j'ai passé tout seul à écrire des *jokes*. Ce n'est pas facile. Les *jokes*, c'est comme les lumières de Noël, il y en a une qui marche de temps en temps…

Tout seul, un samedi soir. Je regarde le téléphone… « Envoye, donne du gaz ! » Le téléphone te regarde en riant : Ha ! ha ! ha ! na ! na ! na !… Le pire, ce sont les faux messages qui raccrochent. « Vous avez un nouveau message : Clic ! » Haaaa !

Parfois, j'oublie que je vis seul. Quand j'étais petit et que je restais avec ma famille, je prenais du jus et je ne voulais pas en refaire, donc je laissais un petit fond poche dans la canisse… Là, je le fais encore, mais je reste tout seul !

Il y en a qui trouvent ça plate de cuisiner tout seul. C'est vrai. Je viens de m'acheter un barbecue. Du barbecue tout seul, ça ne marche pas. Moi, j'aimerais avoir des enfants rien que pour ça. Juste pour pouvoir demander : « Hot dog ou hamburger ? » C'est beau, hein ? C'est de la poésie québécoise.

Je veux des enfants pour ça, pour faire du barbecue et aussi pour qu'un jour quelqu'un jure sur ma tête. Quel bel honneur : « Je te le jure sur la tête de mon père ! » Ça me prend des enfants. Parce que moi, je jure sur la tête de mon père tout le temps. C'est la tête que j'ai choisie. On se choisit tous une tête sur laquelle on jure dans les grandes occasions. Je veux dire, quand c'est vraiment vrai. Moi, quand je jure sur la tête de mon père, mes amis pensent : « OK, c'est vrai. » D'après moi, le degré de vérité de ce que tu dis va avec l'importance de la personne sur qui tu le jures. Si tu dis : « Je te le jure sur la tête de mon petit cousin », tu es en train de mentir. Moi, j'ai toujours juré sur la tête de mon père. Sauf que, maintenant, il cale vraiment beaucoup… Je pense que c'est ma faute. Mon père n'a vraiment pas épais de cheveux sur la tête : quand il a une toune dans la tête, on l'entend…

62·63

Mais parfois, tu es tout seul et tu es bien. J'appelle ça de la solitude heureuse. Et dans la solitude heureuse, il y a des petits moments de vie qui m'amènent du gros bonheur...

Moi, j'aime ça quand les chiffres sont tous les mêmes. Quand je passe devant mon cadran et qu'il est **3 : 33**, je rigole, je rigole...

Quand il est **11 : 11**, c'est le gros forfait...

J'aime ça aussi quand c'est la même annonce. Parfois, tu regardes la télé et il y a la même annonce qui passe à trois postes exactement en même temps. Moi, je capote! «Ah! annonce de shampoing. Heille! même annonce. Oh! même annonce... Woooo! Je tiens quelque chose!» Puis là, je joue avec les bouts que j'ai vus et ceux que je repogne à l'autre poste. «OK, là, elle se passe la main dans les cheveux, elle se la passe, elle se la repasse!»

J'aime ça aussi quand je rencontre la même auto que la mienne. Quand j'arrive à un feu et que le char à côté du mien, c'est la même marque, la même couleur... C'est à peine si je ne regarde pas le gars : «On est pareils! Veux-tu être mon meilleur ami?»

J'aimerais avoir un accident avec une voiture pareille comme la mienne. Il me semble que ça n'arrive jamais. Ça n'arrive juste jamais, un accident symétrique. BANG! «Hé *man*!... Wo! même char!» Puis on se fait une poignée de main *chummy*.

J'aime ça quand je roule en auto, que je me trompe de chemin et que, pour me tourner de bord, je rentre dans l'entrée de quelqu'un. J'ai l'impression que j'arrive en visite : «Allo... Bye!»

J'aime ça quand je vais à l'épicerie et que je *squeeze* le fromage!
J'aime ça quand je vais au comptoir des viandes, que j'enligne un
roastbeef et que je lui câlique un coup de poing!

J'aime ça manger du Jell-O et le détruire dans ma bouche avant de
l'avaler… Moment de bonheur : l'autre jour, j'allume la télé, c'est un match
de hockey. Et juste quand l'écran s'allume, le commentateur dit : «Alors,
pour ceux qui viennent de se joindre à nous…» Câlique!

J'aime ça commencer un pot de beurre de pinottes. Quand j'enlève
le papier aluminium et que c'est tout lisse sur le dessus. La première
swignée de couteau dans le lisse. C'est plaisant, hein? Ça fait une belle
trace sur la toast, une belle trace comme dans les pubs. C'est propre,
il y a de la tendresse…

J'aime ça commencer un pot de margarine neuf, avec le tourbillon.
Le tourbillon! Est-ce qu'il y a quelque chose de plus beau qu'un tourbillon
de margarine? Moi, le matin, je peux être fâché, écœuré, mais ça va
mieux quand je vois le tourbillon…

En même temps, est-ce qu'il y a quelque chose de plus plate qu'un
vieux pot de margarine, avec plein de miettes de toast de tout le monde
dedans… Le pire, c'est ceux qui étendent ce qui reste sur leur couteau
sur le *rim*… sur le contour du pot. Il y a des tas de margarine usagée tout
le tour du pot! C'est quoi ça?

Moi, quand je vais aux toilettes, est-ce que je m'essuie sur le bord
de la bolle?

J'aime ça quand il y a de l'eau qui sort de mon oreille… Quand je vais
à la piscine et que je fais des culbutes dans le «pas creux» parce que je
suis immature… Parfois, je sors de la piscine et j'ai de l'eau dans l'oreille.
Dans ce temps-là, on frappe sur le côté de notre tête en la penchant de
l'autre bord. Moi, mon père m'a donné un truc. Il m'a dit : «*Swigne* la
jambe sur le même bord que t'as de l'eau…» L'été dernier, aux glissades
d'eau avec mon père, on a eu l'air de deux caves pendant vingt minutes…
Le monde nous tirait de la monnaie, c'était pathétique!

Mais quand ça sort, cette affaire-là, c'est assez le fun! C'est un petit jet
tout chaud, c'est comme une délivrance… Ah! Moi, j'aimerais ça jouir en
même temps que mon oreille coule : Ha! ha! Et en même temps, crier :
WÉNÉBAGO!!!

ASTHEURE, M'AIMEZ-VOUS?

Les inédites

Vous pouvez les utiliser
pendant un souper et dire
qu'elles sont de vous,
je ne les ai jamais faites
sur scène...

Je regrette chaque décision que je prends.
D'ailleurs, je n'aurais jamais dû commencer cette *joke*-là.

Il n'y a personne qui a vraiment du fun
à regarder des feux d'artifice.
C'est surestimé comme activité.

Je ne sais pas quel arbre donne le cure-dent.
Mais ça ne doit pas être au top de son CV.

Il faut respecter nos aînés. Ils arrivaient
à avoir des maîtresses sans avoir de cellulaire.
Faut vraiment être bien organisé.

Qui prend le temps d'aller mettre ses vidéos sur YouTube?

Personne n'aime vraiment les suçons jaunes.

Quand tu achètes une canne de conserve au dépanneur,
il y a toujours un petit peu de poussière sur le dessus.

Certains de nos amis ont un trampoline,
mais il est toujours brisé.
Je n'ai jamais vu un trampoline en bon état.

Même chose pour les vieilles machines à boules dans les sous-sols.
Ça ne fonctionne jamais.

Un futon aussi, c'est toujours brisé.

La vie est un cycle.
Les vieux noms reviennent à la mode,
les vieux looks aussi.
Ça donne presque le goût d'attraper la tuberculose!

Trop souvent je passe devant un cimetière en me disant :
«Bah!… ça arrive juste aux autres.»

Il y a une loi qui nous interdit de jeter l'argent.
C'est comme faire une loi qui nous interdit de prendre un bain de gruau.
Heille! Une chance que ce n'est pas permis, sinon on le ferait!

Il me semble que, quand on entend l'hymne national,
personne ne dit : «Hé! c'est ma toune!»

Chez moi, j'ai à peu près trente-deux t-shirts.
J'en porte quatre.

Je n'ai jamais lu un graffiti compréhensible.
Faites donc des graffitis qu'on puisse comprendre!
Le gars escalade un mur,
fuit son agent de probation,
monte sur une échelle dans le noir.
Puis, il écrit : «SKLUKONG!»...

À bien y penser, participer à une orgie, c'est exactement
l'inverse de jouer à la cachette.

Tu es indécis à propos de quelque chose?
Tire à pile ou face.
Tu es fâché à la fin de la partie?
Tu sais maintenant ce que tu voulais.

L'autre jour, j'ai loué un film.
Revenu chez moi, je me suis aperçu qu'il jouait à la télé.
Ça résume parfaitement l'existence que je mène.

Dans toute l'histoire de l'humanité,
jamais personne n'a reçu de store en cadeau.

Voici comment je vois la vie : la terre, l'eau, le feu
pis le mini-putt à RDS.

Est-ce que c'est moi, ou le *Elle Québec*,
c'est une édition spéciale chaque mois?

Lors d'une soirée, j'ai pissé dans un lavabo. Mais je me sentais coupable, alors je me suis brossé les dents dans la toilette.

Je n'ai jamais payé un signet.

Pour une raison qui m'échappe,
je n'aime pas déposer mes achats à la caisse et me rendre compte
que la caissière sait ce que je vais manger ce soir...

Quand je suis en train de payer au magasin
et que je suis encore devant la caissière,
si tu es en arrière de moi dans la file,
ne dépose pas tes achats sur le comptoir!
C'est mon moment.

Si tu vas chez St-Hubert et que tu commandes un repas
«deux cuisses», demande qu'elles proviennent de la même poule,
c'est meilleur.

Le gars qui passe la circulaire à Westmount
ne doit pas sentir qu'il fait une grosse différence...

Si tu as un chat et que tu l'appelles Garfield,
c'est certain qu'il va se faire écœurer par les autres chats.

J'ai déjà eu un pantalon Converted, une imitation de Converse.
On riait de moi parce que je portais un faux.
Alors, imagine le chat qui s'appelle Garfield!

La maison de mes parents avait une margelle.
Connaissez-vous les margelles?
Cette espèce de trou avec de la garnotte puis deux, trois crapauds
séchés devant la fenêtre du sous-sol...
Je ne sais pas pourquoi ils ont gaspillé un si beau mot pour un trou
avec de la roche et des crapauds sur le déclin...
Margelle, on prononce ça six fois dans une vie.
On aurait dû s'en servir comme prénom.
Matante Margelle...

On placote dans la cuisine.
On jase dans le salon.
On parle dans la salle à manger.
On discute dans la chambre à coucher.

Moi,
si j'étais
embaumeur et
qu'il me restait
vingt-quatre
heures à vivre,
je crois que
j'aurais le goût
de me
commencer
tout de suite.

Les itinérants
doivent se
dire: « Ça ne
se peut pas,
vous mentez!
Il y a plus de
change que
ça qui circule. »

Le 12 février 1744, en Gaspésie, il ne s'est rien passé.

- -

Mais ostie qu'y devait faire frette.

- -

Je me suis acheté une assurance-vie.
En fait, c'est un cadeau de fête pour ma petite sœur.

- -

Tu as deux pots de beurre d'arachide : un vieux et un neuf.
Si tu ouvres le neuf, tu ne finiras jamais le vieux.

- -

Pour l'émission *Le jour du Seigneur*,
est-ce qu'on prévoit une sortie en DVD ?

Êtes-vous comme moi?
Quand le gouvernement affirme
qu'il manque d'argent, je me dis :
«Ben, imprimez-en d'autre!»

Vous savez de quoi je m'ennuie vraiment?
De rapporter une cassette au club vidéo sans l'avoir rembobinée
et de vivre dans le risque.

Sur un DVD, la galerie de photos, dans les extras,
ce n'est jamais ce qu'on regarde en premier.
Personne ne dit : «*Yes*, il y a une galerie de photos! Tous au téléviseur!»

Il n'y a rien de plus désagréable au monde que de sortir
un Tupperware du lave-vaisselle quand on ne se rend pas compte
tout de suite qu'il y a plein d'eau dedans…

Si tu as donné rendez-vous à ton ami
et que tu l'attends depuis plus de quarante minutes,
ce n'est pas vraiment ton ami.

L'autre fois, j'ai vu un corbillard, une voiture qui transporte un mort, avec une contravention. Ah... une mauvaise journée.

Quand je conduis, je lis toujours la plaque
d'immatriculation de l'auto en avant de moi.
Parfois, elle contient mes initiales et là, je suis content.

- -

Je ne connais personne dont le légume préféré est le navet.

- -

J'aime aller au guichet automatique.
Quand il me demande si je veux un reçu, je dis non et là,
je me sens au-dessus de mes affaires…

- -

Quand tu portes un manteau de cuir et que tu passes
devant un champ de vaches, marche plus vite!

- -

Le serpent, si quelqu'un avait pensé à lui donner des bras
et des jambes, y'aurait peut-être moins une attitude de marde.

Dès que tu as un peu de pain, trois, quatre nouilles, de l'huile d'olive
et un peu d'ail, tu peux ouvrir un Pacini sur la Rive-Sud.

«À qui mieux mieux.»
Qui a décidé d'arrêter ça à deux «mieux»?
Tant qu'à mettre deux «mieux», vivez ça jusqu'au bout!
Profitez de la vie, alignez quinze, vingt «mieux mieux»,
appelez des escortes et faites un *party*!

Les «allons-y, Alonzo», «c'est parti, mon kiki»... d'où ça vient?
Je ne parle pas des expressions drôles qui proviennent
du terroir comme : «Le diable est aux vaches»,
à laquelle on peut trouver une signification en fouillant un peu.
Non, je parle des mini-expressions,
complètement vides de sens, comme «allons-y, Alonzo».
C'est sûrement quelqu'un qui déconnait et c'est resté...

«Dring dring pow pow chick-e-chick-e-wow-wow!»
Qu'est-ce que ça veut dire? Qui a écrit ça? C'est admirable,
parce que «dring dring pow pow chick-e-chick-e-wow-wow»,
ça fait au moins cinquante ans que ça existe!
Le gars qui a écrit ça est allé prendre un café
avec un de ses amis, juste après, et lui a dit :
— J'ai écrit quelque chose aujourd'hui, un petit air
   qui ne veut absolument rien dire, mais je suis certain
   que dans cinquante ans les gens vont encore le chanter.
— Ah oui, c'est quoi?
— Dring dring pow pow chick-e-chick-e-wow-wow.
— Tu penses que le monde est assez cave pour encore chanter
   ça dans cinquante ans?
— Veux-tu gager?
— Allons-y, Alonzo!

Si tu m'installes sur un sofa avec un verre de vin,
devant le feu de foyer dans un chalet dans le bois,
il y a des chances que je me sacre complètement
de la super vente chez Uniprix.

Un trou de beigne, ça ne doit pas avoir une grosse estime de soi.
C'est normal, son père, c'est un beigne.

C'est fantastique! Notre société d'aujourd'hui n'est vraiment pas si pire.
On y fait des grosses glissades, on verse de l'eau dedans.
Toi, tu te garroches tête première, avec un maillot de bain fleuri farfelu,
pour atterrir dans un gros bac d'eau en faisant «Whou hou hou!».
Trouve-moi une autre planète où on organise ça!

Il y en a qui rêvent d'un trip à trois. Moi, je ne sais pas pourquoi,
je rêve d'aller aux glissades d'eau avec douze filles.
En fait, treize, parce que ça en prend toujours une pour surveiller
les serviettes.

Quand on se gratte un œil, on ouvre toujours la bouche comme ça.

Ce que j'ai mangé hier était tellement bon que j'aimerais être constipé
pour en profiter plus longtemps!

- -

Moi, si j'étais un castor, je me dirais «*fuck* le barrage»!
J'irais acheter mon bois chez Réno-Dépôt, je me ferais construire et
je me trouverais d'autres activités.

- -

Je pense qu'entre le début de mon bal et la fin de mon après-bal
j'ai changé d'orientation sexuelle quatre fois.

- -

Je n'ai jamais vu un appartement d'étudiant où une salière et
une poivrière *matchaient*.

- -

Quand tu vis dans un immeuble et que quelqu'un sonne chez toi,
tu pèses sur le bouton et là, le temps qu'il se rende à ton appartement,
il y a comme un petit moment où tu tournes en rond.
Tu ne sais pas quoi faire, tu n'as pas le temps d'entreprendre
quoi que ce soit, mais en même temps, tu veux avoir l'air occupé.
Moi, je ne veux pas être collé sur la porte quand la personne arrive,
ça donnerait l'impression que je n'ai pas de vie.

Moi, si j'étais un camion de vidanges,
j'aimerais ça que quelqu'un jette son lit d'eau.
Ça me rafraîchirait.
Non mais, donnez-moi un break!
Je n'ai pas choisi d'être un *truck* de vidanges.

Qu'est-ce que ça fait de sa soirée, une prostituée, le soir de Noël?

«Plusieurs», ça commence à combien?
Est-ce que «quelques-uns», c'est plus qu'«une couple»?
Une «gang», est-ce que ça vaut une «trâlée»?
Deux pelletées de raisins secs, est-ce qu'on va savoir
un jour combien ça fait?

Rendu en avril,
la neige fond à peu près en même temps
que les résolutions.

Les arbres sont vivants, mais ils ne bougent pas.
Sauf que, quand on n'est pas là, c'est certain qu'ils se grattent le dos.
Moi, avoir autant de branches, c'est ce que je ferais…

Dans leur adresse courriel, certains ont le trait de soulignement.
Ce n'est pas le fun, avoir ça dans son e-mail.
Il faut toujours que tu l'expliques : «OK, c'est Pedro,
trait de soulignement… non, pas le trait d'union, le trait en bas,
au niveau de la surface de l'alphabet…»
Heille! Il est où le fun de vivre, là-dedans?

- -

Dans certaines régions d'Afrique,
les gens marchent vingt minutes
pour aller chercher de l'eau.
Nous autres, on pisse dedans.

- -

Les gens qui arrêtent de fumer arrêtent de fumer leurs cigarettes.
Et éventuellement, ils arrêtent de fumer celles des autres.

- -

J'ai déjà choisi une bouteille de vin
parce que j'aimais l'étiquette. «Oh! Il y a un château dessus,
les couleurs sont belles, ça fait crédible. Il doit être bon.»

- -

As-tu déjà mis trop de céréales dans ton bol?
Quand tu veux remettre des céréales dans la boîte,
ce n'est jamais un succès, hein?

- -

On était vingt. Dix filles, cinq gars. Vous allez me dire :
«Heille, ça fait juste quinze!»
Ben oui, c'est mon livre, je fais ce que je veux!

Je ne sais
pas pourquoi,
mais on dirait
que les films
qui passent
à la télé ont
l'air moins
bons quand ils
jouent à TQS.

Chroniques <u>LA PRESSE</u>

Les textes qui suivent ont paru dans le journal <u>La Presse</u>, entre juillet 2003 et avril 2006.

Les quatre premiers devaient parler de l'édition 2003 du Festival Juste pour rire, pendant lequel le quotidien m'avait engagé comme chroniqueur invité. Je tenais à les publier dans un livre parce que, oui, les paroles s'envolent et les écrits restent, mais des fois, un journal, ça ne reste pas longtemps...

LE 12 JUILLET 2003

MON TERRITOIRE

*Dans le cadre
du Festival Juste pour rire*

J'habite le Quartier latin, à quelques pas du Théâtre Saint-Denis.

C'est pratique, pour un humoriste, d'habiter près du Théâtre Saint-Denis, comme il est pratique pour ma grand-mère d'habiter près d'une arcade... J'expliquerai une autre fois.

Je suis dans l'action. Les rues sont fermées, des gens viennent de partout et même de Wabush (Wabush n'est pas compris dans partout, c'est trop loin) pour profiter du Festival Juste pour rire ou des prostituées à prix modique.

Je vous propose un petit tour guidé pour vous aider lors de votre prochaine visite.

Partons de chez moi.

Je stationne ma voiture dans un garage qui donne sur une ruelle en cul-de-sac, pas le genre d'endroit où on commence de grandes amitiés.

L'autre soir, je revenais du Théâtre Saint-Denis dans ma voiture. OK, je suis vraiment paresseux... Et quand je suis descendu de mon auto, je me suis retrouvé face à face avec un rat. Pas un mulot, pas une souris, pas un gars poilu à quatre pattes avec des grandes dents et un douteux sens de l'humour, non. Un rat. On entend souvent des gens dire : «Dans le fond, un écureuil, c'est comme un rat avec une belle queue.» Non. Un rat, ça fait peur. Tellement que je lui ai lancé une roche. Je l'ai manqué, mais j'ai frappé une pomme et j'ai gagné un toutou !

Quand j'arrive au coin d'Ontario et de Saint-Denis, je distribue les trente sous comme un vidéopoker qui vient de gober un laxatif.

Vous trouvez ça dur d'ignorer un clochard et de regarder ailleurs? Quand il vous appelle par votre prénom, c'est impossible. Hier, il y en a un qui me dit : «Salut, Louis, tu es drôle, je t'écoute à MusiquePlus, là... *Dollaraclip.*» Je lui donne de l'argent, puis après, j'y pense : depuis quand les clochards ont-ils le câble ?

Mais je garde toujours un peu de monnaie dans ma poche pour ces sympathiques pas chanceux, et même quelques billets pour celui qui aurait vraiment trop de charisme.

Au Presse Café, coin Ontario et Saint-Denis, il y a un guichet automatique, mais c'est le genre de guichet «indépendant», sans logo de banque et qui ajoute des frais de trois dollars à votre retrait. L'autre jour, j'ai choisi l'anglais pour faire ma transaction. Ça n'a rien changé à mon solde, mais j'étais vraiment excité.

Faites encore cent pas, ou cinquante roues latérales, et vous êtes devant le Théâtre Saint-Denis. Mon nom est sur la marquise depuis l'automne. Chaque fois que je passe devant, c'est plus fort que moi, je dois regarder mon nom, comme on a le réflexe de regarder un appartement qu'on a habité quand on passe devant. Pendant plusieurs mois, Louis-José Houde était placé juste en dessous de Carl William et Chantal Pary. C'est le genre de chose qui vous garde les pieds sur terre...

Un été dans le Quartier latin? Êtes-vous malades, câlique!? Pour moi, les vacances commencent où l'asphalte finit.

Un quartier coloré au milieu de tout et où on trouve de tout.

Un été dans le Quartier latin? Êtes-vous malades, câlique!? Non, moi j'ai loué une maison à Magog, dans le bois. Pour moi, les vacances commencent où l'asphalte finit.

Dimanche soir, j'arrivais, je savourais le bruit des pneus sur la douce garnotte. Je suis descendu de mon auto et me suis retrouvé face à face avec un rat. Il était aussi laid que celui de la ville, mais avait l'air plus détendu : les bienfaits des Cantons de l'Est.

Il m'a demandé :

— Excuse, c'est toi qui lances des roches à mon beau-frère?

— Euh... non.

— Prends-moi pas pour un mulot. (Une insulte entre rongeurs, paraît-il.)

— Je suis désolé, j'avais peur.

Je l'ai invité à l'intérieur, l'ai dirigé vers le salon :

— Par ici.

— C'est beau, je connais le chemin.

— Ah! C'est le fun...

On s'est ouvert une bière et on a jasé. Je l'ai aidé à ouvrir sa bière, il m'a gratté le dos.

Oui, j'aime beaucoup Montréal et le Quartier latin, mais câlique, essayez donc de trouver un rat qui vous gratte le dos !

QUAND ON OUVRE LA PORTE

*Dans le cadre
du Festival Juste pour rire*

Il y a tellement d'injustices dans le frigidaire. C'est bien connu, d'habitude, lorsqu'on ouvre la porte de notre réfrigérateur et que la petite lumière s'allume, les aliments arrêtent leurs conversations et restent immobiles. La dernière fois où j'ai ouvert ma porte, les occupants m'ont ignoré et ont continué à parler entre eux.

Les pamplemousses roses écœuraient les pamplemousses blancs.

Une petite grappe de raisins s'en allait *cruiser* les fraises, un bleuet voulait les suivre et s'est vite fait dire : «Laisse donc faire, c'est pour les adultes.»

La margarine se fait traiter de beurre manqué. Tout le monde est jaloux du beurre parce qu'il possède son appartement à lui tout seul, avec sa petite porte en plastique pour le protéger du froid, et parfois, il a même son nom écrit dessus... Il le partage de temps en temps avec le fromage. J'ai toujours un peu peur d'ouvrir la petite porte et de surprendre tout le monde tout nu.

Les médias n'en parlent pas, mais la bouffe bio se fait sacrer des volées par les ailes de poulet et les saucisses.

Pendant ce temps, quelques légumes discutent de la peur de finir en purée, mais du plaisir de se faire piler... un gros dilemme. Le céleri reste dans son coin et jase avec la petite vache, la concierge. Il faut dire que le céleri n'a pas beaucoup d'amis, avec sa personnalité fade et son look de *nerd*. Tous les autres légumes le traitent de légume illégitime parce que personne ne fait pousser de céleri dans son jardin... et on entend rarement parler d'un champ de céleris.

La tomate se tient avec les fruits, mais elle se fait encore regarder croche, elle ne fait pas vraiment partie de la famille. Elle s'est dissociée des légumes, mais n'est pas vraiment un fruit... on n'y croit pas, une règle forcée que personne n'applique. Un peu comme dire des «baux» pour bail au pluriel. Il n'y a personne qui dit des «baux», ça sonne mal. Même chose pour la tomate qui est un fruit. On n'y croit juste pas!

Les radis, le chou et le navet sont dans un coin, loin du projecteur. Ils intimident un pot de beurre de pinottes qui a complètement perdu son chemin. De vrais légumes bruts, un peu sauvages, qu'on ne voit pas dans des mondanités de légumes, à participer à une trempette... ou à amuser des gueules.

Plus sociable, la grosse laitue molle va doucement pogner les fesses de la bouteille de vinaigrette, question de faire connaissance avant de se retrouver si intimement entremêlées.

J'ai assisté à un autre petit moment tendre où une nectarine épilait une pêche : «Tu vas voir, c'est bien plus doux et on sèche plus vite.»

Dernièrement, grâce à mon horaire complètement indécent et mes longues absences de la maison, j'ai fait une grande découverte : on pleure quand on coupe des oignons, mais on peut aussi pleurer quand on ouvre une pinte de lait passé date depuis trois semaines...

On ne pense pas à la souffrance qu'on inflige aux aliments du frigo quand on leur retourne un restant dans un Tupperware... un restant parfois encore chaud. Tout le monde pleurait devant ce qui restait de Bob, le sympathique ananas.

Le rêve de tous les aliments est évidemment de finir en haut, au ciel, à l'endroit où on ne vieillit pas et où l'on peut vivre éternellement... Le congélateur.

J'ai refermé la porte et je me suis commandé une pizza.

JUILLET 2003

LA SAISON RÉGULIÈRE

Tous les humoristes se retrouvent au Festival Juste pour rire à partager une loge et un cachet. C'est la fin de la saison, ce sont les spectacles les plus importants, il y a des trophées à gagner, et plusieurs tombent en vacances après leur gala. On peut dire que le Festival ressemble aux séries éliminatoires.

De septembre à juin, c'est la tournée partout en province. Mon premier spectacle solo est sorti en octobre dernier et, depuis, j'ai la chance de jouer dans les plus grandes salles du Québec. Un rêve devenu réalité. Et en plus, c'est tellement glamour...

17 h. J'arrive à la salle de spectacle.

change rien de dire qu'on est pressés).

19 h 34. Je me mouche.

19 h 35. Je me penche pour ramasser le kleenex que j'ai lancé à côté de la poubelle.

20 h. Mathieu me dit qu'on va commencer le spectacle dans cinq minutes parce que des gens sont en retard.

20 h 05. Mathieu me dit qu'on va commencer le spectacle dans cinq minutes parce que des gens sont en retard.

20 h 10. Je commence enfin mon spectacle.

21 h. C'est l'entracte. Mathieu m'aide à enlever mon t-shirt imbibé de sueur. Je vous l'ai dit, un rêve devenu réalité...

Ce que j'aime le plus, c'est quand je reçois mon assiette, et que les autres me disent que ça a l'air bon. Et surtout quand ils ajoutent un : «Ah, j'aurais dû prendre ça.» Je me sens intelligent d'avoir choisi le plat en question.

17 h 15. Mon équipe et moi allons manger dans un restaurant qui s'appelle juste « Restaurant », où la mélamine s'harmonise si bien avec le tapis gris pâle, l'horloge en forme de guitare Budweiser et le maquillage bleu sur les paupières de la serveuse.

Ce que j'aime le plus, c'est quand je reçois mon assiette, et que les autres me disent que ça a l'air bon. Et surtout quand ils ajoutent un : «Ah, j'aurais dû prendre ça.» Je me sens intelligent d'avoir choisi le plat en question. Je ne sais pas pourquoi, mais j'aime quand les autres sont jaloux de mon assiette.

L'épisode au restaurant est plein de péripéties. Le beurre froid qui déchire mon pain, la serveuse qui arrive à notre table juste au moment où je suis en train d'avouer que j'ai déjà eu un Câlinours... Les gens à la table d'à côté qui viennent de me remarquer, qui parlent de moi à voix haute et qui pensent que je ne les entends pas à cause des trois pieds d'air qui nous séparent...

17 h 30. Mon directeur de tournée, Mathieu, annonce à la serveuse que nous sommes pressés. Je me demande toujours si ça change quelque chose de le dire. Comme si normalement le cuisinier faisait exprès pour prendre son temps...

19 h 30. Retour à la salle (finalement, ça ne

22 h. Je finis mon spectacle et je signe des autographes en me demandant toujours combien de temps les gens vont les garder...

23 h. Nous sortons prendre un verre. J'aime beaucoup la Heineken. Pas pour le goût, mais parce que la bouteille est un peu plus petite et qu'on dirait que j'ai une grosse main virile.

Entre 1 h et 4 h. Nous rentrons dormir à l'hôtel. Je n'aime pas beaucoup prendre ma douche à l'hôtel parce que je mets vingt minutes à ajuster la température de l'eau. Ouvrir la télé à l'hôtel est aussi toute une expérience, parce que le volume est toujours au maximum. On dirait que, chaque fois que tu ouvres la télé dans un hôtel, la personne qui l'écoutait avant toi mettait le son au plus fort. Ce qui est dommage, c'est que, juste quand notre pouce commence à s'habituer à la disposition des boutons «channel» et «volume» de la télécommande, il est déjà temps de partir.

10 h le lendemain. Je vais déjeuner tout de suite parce qu'il est très compliqué de faire cuire des œufs dans un restaurant après 11 h...

17 h. J'arrive à une autre salle de spectacle.

17 h 15. Mon équipe et moi allons manger dans un restaurant qui s'appelle juste « Restaurant». Ça dure trois ans.

JE VEUX DORMIR !

***Dans le cadre
du Festival Juste pour rire***

Au moment où j'écris ces premières lignes, il est 7 h 38, lundi matin, mais pour moi, on est encore dimanche soir. Ce soir, j'animais mon premier gala Juste pour rire et je ne me suis pas encore couché.

J'arrive d'une soirée bien arrosée et très transpirée où les jeans taille basse laissaient un peu trop de place au G-string et le *last call* côtoyait joyeusement le lever du soleil. Bref, je suis magané. Plus tôt, vers six heures, mes amis et moi avons quitté le douteux rassemblement pour aller déjeuner Chez Cora. Parmi les quelques amis, il y avait Julie Caron, humoriste sans pomme d'Adam dont on n'a pas fini d'entendre parler. J'adore Julie, mais comme c'est une fille, j'ai eu un peu peur qu'elle choisisse l'assiette de fruits santé et qu'à côté on se sente mal de manger de la saucisse et du creton qui sacrent une volée à l'estomac.

J'ai rarement été dans une situation plus stressante que de faire de nouvelles** jokes **devant deux mille quatre cents personnes, en plus de toute l'industrie de l'humour, et ce, en direct à la télé.

Un petit plaisir de la vie d'artiste est de rester debout toute la nuit pour pouvoir lire la critique du spectacle qu'on vient de faire, avant d'aller se coucher. J'ai lu les critiques de mon gala au-dessus de mes deux œufs-bacon-saucisses-jambon-crêpe-pain brun... et ce petit moment encore chaud est déjà un beau souvenir. En fait, je ne sais pas si ce qui est arrivé hier compte déjà comme un souvenir, mais là, on ne va pas commencer à s'obstiner, je suis brûlé en taboire.

Heureusement, les critiques sont très bonnes et je me rends compte que ça vaut la peine de manger du beurre de pinottes pendant un mois. Pas parce qu'on n'a pas d'argent, mais parce

qu'on n'a pas le temps de manger autre chose... sans farce, ou presque. J'ai écrit deux nouveaux numéros pour le gala et j'ai rarement été dans une situation plus stressante que de faire de nouvelles *jokes* devant deux mille quatre cents personnes, en plus de toute l'industrie de l'humour, et ce, en direct à la télé. Je me disais dans ma tête : «Ce que je suis en train de dire et de faire va repasser en reprise au Canal D pendant vingt ans, que je sois content du résultat ou non.» À 7 h, nous sortons de Chez Cora. Nous croisons des gens qui se rendent au travail. J'aime finir une soirée assez tard pour être mêlé aux gens qui, eux, commencent leur journée. Je les regarde et je me dis : «Ha! ha! moi, je vais me coucher, pas vous !» C'est comme si je ne faisais plus vraiment partie de la société «normale». Je fais partie des bizarres. J'ai l'impression que je suis hors concours pour la journée.

J'ai aussi eu la chance de faire un numéro en duo avec Maxim Martin, de présenter Claudine Mercier, Mario Jean, Marc Dupré et même Jean-Michel Anctil, qui a écrit un numéro spéciale-ment pour le gala, qui lui a valu une ovation debout de toute la salle, même de la part des *VIP*! Ça, ce n'est pas évident...

Pour revenir chez moi, j'ai pris un taxi, mais je suis tombé sur un taxi-minifourgonnette. Durant le trajet, entre deux «ils annoncent beau aujourd'hui», j'ai essayé d'expliquer au chauffeur que je n'aime pas être seul dans un taxi-fourgonnette parce que je me sens ridiculement important. J'ai trop de place, je me sens comme une famille, c'est du gaspillage de place. Puis, dans les bons films, on ne voit jamais de taxis-minifourgonnettes. Sa réponse : «Regarde ben ça, il va mouiller.»

Arrivé au Planet HollyHoude, j'ai commencé à travailler à ce papier. Au moment où j'écris ces dernières lignes, il est 11 h 43. Oui, j'ai mis quatre heures pour préparer ce petit texte. Imaginez pour l'animation d'un gala...

EN BANLIEUE D'ABITIBI

Une des grandes joies de la carrière d'humoriste, à part peut-être de se faire dire en public «envoye, conte-moi une *joke*»... pendant qu'on essaye d'uriner, est évidemment de se promener partout en province pour présenter son spectacle dans les grandes salles, et celles plus... intimes. Quand on tombe sur une petite salle un peu tout croche, on dit que c'est un endroit «intime», ça passe mieux, ça sonne bien.

Mais cette semaine, ma tournée s'arrête en Abitibi et je ne connais pas du tout les villes où je m'en vais. Nous partons d'abord pour La Sarre. J'ai hâte, il paraît que les billets se sont envolés en deux heures et que les gens sont très gentils. Moi, je suis heureux d'aller faire des shows n'importe où, tant que la salle ne fait pas sa promotion d'été en utilisant des jeux de mots avec «chaud» et «show». Par exemple : «Un été show!» «Cet été, les meilleurs chauds d'humour!» Ho ho! Je pense que tous les artistes devraient refuser de participer à un événement qui fait sa promotion en utilisant un jeu de mots qui a vu le jour en même temps que Henri Richard.

Quand on pense à l'Abitibi, on pense automatiquement à des villes comme Val-d'Or, Rouyn, Amos, les grosses places, les villes *all-stars* de l'Abitibi, d'où proviennent les Richard Desjardins, La Chicane, et le Henri Richard, quoique ce dernier soit à confirmer. Mais, cette semaine, nous visiterons des villes plus... intimes. En plus de La Sarre, il y a Témiscamingue, Lebel-sur-Quévillon et Senneterre. Je vous jure que si, rendus là, on est pris dans un bouchon de circulation, je mets le feu à la planète.

Deuxième arrêt, Témiscamingue. Ce n'est pas moi qui conduis et c'est très bien parce que si nous avons un accident et que nous mourons tous, aux funérailles, j'ai l'impression que les gens auront moins de sympathie pour celui qui était au volant. (OK, c'est un peu lourd comme commentaire, mais attendez un peu, ce texte est rempli de petites légèretés sans défense frôlant trop souvent la niaiserie. Surveillez le passage sur le cinéma...)

J'aime faire de la route. Il faut vraiment rouler ailleurs qu'entre Montréal et Québec pour comprendre ce qui se passe avec les forêts. C'est quand on traverse le parc de La Vérendrye ou celui des Laurentides, où l'on voit tellement d'arbres et de forêts, qu'on se dit que si des gens sonnent l'alarme en déclarant qu'on va finir par en manquer, c'est que ceux qui coupent doivent vraiment en couper beaucoup.

Le lendemain, on va à Lebel-sur-Quévillon. Je me demande s'il y a un cinéma à Lebel-sur-Quévillon (c'est mon passage léger). Souvent, en région éloignée, le concept de cinéma est différent de celui de Montréal. Là-bas, un film peut y être présenté une ou deux fois par semaine; la salle doit être pleine. À Montréal, un film roule toute la journée et c'est rarement achalandé. D'ailleurs, je me pose souvent la question suivante : quand la salle est vide pour un film, est-ce qu'ils projettent le film quand même? Pour une seule personne, ils vont le faire, mais s'il n'y a vraiment personne? Un de mes grands rêves est de me retrouver seul dans une salle pour un film et qu'il soit projeté juste pour moi, avec le gars en haut qui pèse sur «pause» si je vais me chercher du pop-corn (en passant, je peux manger vraiment beaucoup de pop-corn, c'en est vulgaire...).

Nous terminons à Senneterre. On m'a dit que, là-bas, tout le monde se connaît, tout le monde sait le nom de tout le monde, ce qui complique un peu la visite à la boutique érotique du coin. Mais je n'aurai pas à trouver une stratégie pour passer incognito parce que je ne partirai pas pour l'Abitibi. Après avoir commencé à écrire ce billet, je suis tombé malade tellement solide que c'en était beau... Je suis l'heureux propriétaire d'un ulcère à l'estomac. La semaine dernière, je suis allé voir un film, dans une salle où je n'étais même pas seul... et je me suis envoyé un gros pop-corn qui ne s'est jamais vraiment senti chez lui dans mon ventre. À cause de la fatigue et du stress de ces tournées continuelles, je me suis retrouvé à l'hôpital. Le verdict : j'ai vingt-cinq ans, mais mon estomac a l'âge de Henri Richard.

Les spectacles sont reportés en février. De toute façon, l'Abitibi, c'est tellement plus le fun en plein hiver...

LE PARCOURS D'UN TRENTE SOUS

D'abord, notre vingt-cinq sous est fabriqué à Ottawa… à l'usine d'argent. Je ne sais pas si les employés qui travaillent à fabriquer l'argent sont payés au salaire minimum, mais ce serait très «agace» de la part du gouvernement.

Il est ensuite distribué dans une institution financière comme la banque, la caisse populaire ou Pierre Karl Péladeau. Son premier contact avec le public se fait dans un dépanneur, où il arrive emballé dans un rouleau en carton. Il est alors remis à un client qui vient d'acheter des chips, de la liqueur et un petit pot de beurre pour mère-grand.

Le vingt-cinq sous tombe dans le fond d'une poche de jeans, où il fait la connaissance d'une petite mousse bleue qu'on y retrouve souvent, comme si les poches avaient un nombril. L'ancien client du dépanneur est maintenant passager dans le métro. Il sort le vingt-cinq sous et le laisse tomber sur le comptoir de métal ultra-bruyant. Le changeur prend le vingt-cinq sous et le remet au passager suivant. Monsieur Suivant laisse tomber le caribou dans son petit sac, un genre de sacoche sport avec *zipper*, porté à la taille par les touristes et qui, par son allure, annonce à la nation le renoncement à tout espoir de faire des rencontres avec le sexe opposé.

Le vingt-cinq sous ressort de la sacoche anti-coït pour atterrir dans l'étui de guitare du musicien du métro. Le musicien termine une version reggae de *En veillant sur le perron*, sort du métro et remet le vingt-cinq sous à un clochard, un peu pour se convaincre lui-même de son statut supérieur. Le clochard utilise la face de reine pour s'acheter un «café». Mais la caissière dépose par mégarde le vingt-cinq sous dans le compartiment des un dollar. La tension est palpable, l'intrus est nerveux. Le vingt-cinq sous n'a jamais digéré la perte de son titre de plus grosse pièce de monnaie avec l'arrivée de la pièce de un dollar en 1987 et du deux dollars en 1996. En passant, je n'ai pas eu besoin de m'informer pour les dates, je les connaissais par cœur, je suis ce genre de gars-là. Ça pogne super fort avec les filles…

Le vingt-cinq sous ressort en sueur du tiroir-caisse pour aboutir dans le sac à main d'une grosse madame. Il fait un tour de grosse madame dans une sacoche où on trouve des photos, du maquillage, le secret de la Caramilk, Charlie[1] et même la christie d'aiguille que personne ne trouvait dans la botte de foin.

Le vingt-cinq sous sert ensuite d'unique pourboire à un serveur qui avait demandé à la femme : «Ah! mais bravo, vous êtes grosse?» alors qu'elle n'était qu'enceinte.

À la fin de son quart de travail, l'ex-serveur dépose le vingt-cinq sous dans un téléphone public, mais ce dernier refuse de coopérer. On dirait que, chaque année, le gouvernement émet une édition spéciale de vingt-cinq sous qui ne marchent pas dans les téléphones payants. Rien de plus frustrant que d'entendre le célèbre *kekling* d'un vingt-cinq sous qui tombe directement dans le petit ramasse-monnaie.

L'ex-serveur investit donc le vingt-cinq sous dans une machine à pinottes où il reste pendant plusieurs mois. Avez-vous déjà vu quelqu'un vider une machine à pinottes? C'est le pire cauchemar pour un trente sous. Et pourquoi dit-on trente sous? «Hé! je viens vraiment d'alléger mon horaire, j'ai sauvé une syllabe! J'ai plein de temps libre, on s'en va dans le Sud!» J'ai l'impression que de dire un trente sous, quand c'est en réalité vingt-cinq, est peut-être à l'origine du déficit. Bref, il est finalement libéré de la machine à pinottes par un employé qui l'envoie dans un parcomètre à Montréal, au coin des rues Peel et Sainte-Catherine. Il est bon pour quatre minutes.

Quelques heures après sa sortie du parcomètre, il se retrouve en plein milieu d'un match de pile ou face, le contrat préféré du vingt-cinq sous, évidemment. Le perdant du match garroche la pièce maudite sur le trottoir, qui reviendra finalement entre les mains du premier client, celui du dépanneur. Le client le remet dans sa poche. Le vingt-cinq sous renoue avec la petite mousse bleue…

---

1 Pour ceux à qui cette référence échappe, faites-moi confiance, c'est très drôle.

LES RÉSOLUTIONS DE MONTRÉAL

En cette fin d'année 2003, voici mes suggestions personnelles pour améliorer la qualité de vie à Montréal pour la prochaine année.

Ouvrir un magasin de petits pains chauds, juste pour voir si c'est vrai que ça se vend tant que ça…

Nettoyer l'extérieur des boîtes aux lettres de Postes Canada. Quand une boîte aux lettres est sale, couverte de graffitis, d'affiches ou qu'elle est vandalisée, on dirait que je ne lui fais pas confiance… j'ai peur que ma lettre ne se rende pas à destination.

Arrêter de faire des stationnements qui affichent : « Maximum cinq dollars », mais qui finissent par t'en coûter douze !

Nous convaincre qu'aller au gym ce n'est pas bon… Me semble que ça arrangerait tout le monde…

Laisser plus de quatre pouces entre les tables dans les restaurants branchés.

Nous montrer enfin les bébés pigeons. Où sont les bébés pigeons ? Je n'ai jamais vu un bébé pigeon.

Réduire la grosseur des muffins.

Nous dire enfin si on a le droit de se stationner quand le parcomètre est défectueux.

Organiser une journée où personne ne va chez McDonald's, mais vraiment personne. Juste pour les faire capoter.

Interdire aux fumeurs de fumer à l'intérieur et à l'extérieur. Moi, je suis convaincu qu'ils réussiraient à trouver une autre place.

J'insiste : ouvrir un magasin qui n'offre que des petits pains chauds. Je suis persuadé que ça ne se vend pas tant que ça. Les petits pains chauds sont totalement surévalués. Chaque fois que quelque chose se vend bien, on dit que ça se vend comme des petits pains chauds. Les nerfs, câlique ! Il n'y a personne qui se garroche à la boulangerie quand ils sortent les petits pains du four !

Avertir les vendeurs de condos que le Plateau-Mont-Royal, ça ne va pas jusqu'au boulevard Pie-IX…

S'organiser pour que tout le monde tousse en même temps le 8 janvier, à 15 h 34.

Faire un bar-cuisine. Un bar dont l'intérieur est en fait une énorme cuisine, avec des armoires, un four, un frigo. Parce qu'il me semble que dans les *partys* familiaux, le monde se ramasse toujours dans la cuisine…

Faire une journée où il n'y a pas de couvercles sur les égouts. Juste pour voir ce qui va arriver.

Nous expliquer pourquoi les chauffeurs de taxis ne ressemblent jamais à leur photo, collée à côté de la porte.

Ouvrir un magasin qui n'offre que des petits pains chauds. Je suis persuadé que ça ne se vend pas tant que ça. Les petits pains chauds sont totalement surévalués.

Construire tous les nouveaux appartements avec des bains sur pattes. C'est pour les filles. Toutes les filles aiment les bains sur pattes. Elles ont une espèce de fascination pour les bains sur pattes. Ça et les boiseries. Les filles veulent être entourées de boiseries et de bains sur pattes. Mais avec un mur de briques…

La Ville devrait nous laisser conduire la chenille qui déblaie les trottoirs l'hiver. Ça a tellement l'air le fun !

Non mais, sérieusement, les petits pains chauds… Il faut absolument ouvrir un magasin qui ne sert que des petits pains chauds. Juste pour prouver que l'expression est dépassée. Je suis vraiment écœuré, tout ce qui est *hot* se vend « comme des petits pains chauds ». Ça me rend agressif. Le pire, c'est aux nouvelles. La semaine avant le 1er juillet : les camions partent comme des petits pains chauds. Pendant la canicule : les bouteilles d'eau se vendent comme des petits pains chauds. Au *Boxing Day* : tout s'envole comme des petits pains chauds. Toujours les petits pains chauds… je ne suis plus capable, sacrez-moi la paix avec les osties de petits pains chauds !

Bonne année.

À TOUS CEUX QUI N'ONT PAS LE TEMPS

Par un beau mercredi matin de janvier, je ne sais pas trop quand, sans doute autour de la semaine où ça devient ridicule de souhaiter bonne année, j'ai pris quelques heures pour aller visiter une maison à la campagne. C'est un exploit. Je n'ai jamais de temps. Je fais partie de ces fatigants qui n'ont jamais une minute. Je suis dans une période très occupée de ma tournée, j'ai des spectacles cinq ou six soirs par semaine. Je suis très chanceux et je n'y changerais rien, mais je suis à la veille d'oublier comment on fait pour dormir.

Donc, le mercredi en question, je prends l'autoroute, mais à la sortie, je vais dans la mauvaise direction. C'est quinze minutes plus tard que je m'en rends compte. Je suis rendu dans le village de Knowlton, rang Turkey Hill. Vous connaissez le sentiment de déjà-vu, quand on vit un moment qu'on a l'impression d'avoir vécu avant? Eh bien, ce n'était tellement pas ça! Je ne m'étais jamais vu là...

Au même moment est arrivée une courbe que ma voiture a snobée de toutes ses forces. Elle ne l'a même pas regardée, l'a ignorée complètement, elle a fait comme si la courbe n'était pas là, puis est allée sacrer une volée au banc de neige.

Prendre le champ, ce n'est pas le fun, mais il n'y a rien comme prendre le champ quand tu es perdu. Là, tu annules vraiment tes plans pour le reste de la journée. C'est fini.

Je sors ma pelle. Une pelle style Mickey Mouse en plastique. Une tapette à mouches, mais avec un peu plus de tonus. Je commence à pelleter. C'est pathétique. Je suis si enragé que la pelle devient bientôt seulement un manche. Couché dans la rue, j'enlève la neige en dessous de la voiture avec mes mains. Et en même temps, j'en profite pour faire mon premier *push-up* depuis 1992.

Impossible de m'en sortir. Je n'ai pas de *Traction Aid*, plus de pile dans le cellulaire, il fait moins quarante, et l'auto a calé dans un banc de neige sur un chemin de garnotte en cul-de-sac.

Alors, je n'ai pas le choix, je prends la boîte de Tylenol dans le coffre à gants, j'avale la boîte au complet. Mes yeux se ferment... mais non, c'est une blague!

En réalité, je sors de la voiture dans le but de trouver de l'aide. Je marche, j'arrive à une vieille maison, je sonne, un homme ouvre. C'est comme dans la *joke* des trois gars perdus qui demandent au fermier s'ils peuvent dormir chez lui, et le fermier accepte à condition que les gars ne touchent pas à sa fille... et ça finit avec l'apparition d'un *Newfie* avec une prune dans le cul ou quelque chose du genre...

Donc, l'homme ouvre.

— Pardon, monsieur, auriez-vous des *Traction Aid*?

Il m'en trouve. Je les installe. Ils ont le même impact sur le véhicule qu'un pet dans un bain tourbillon.

— Pardon, monsieur, auriez-vous une grosse pelle?

Même affaire.

— Pardon, monsieur, auriez-vous une paire de bras et un avant-midi pas trop chargé?

L'homme sort m'aider avec sa femme. Ils m'aident à pousser, à pelleter, ils accrochent des chaînes à leur voiture pour tirer la mienne. Et m'invitent finalement à l'intérieur pour un chocolat chaud en attendant la CAA. Trois minutes d'attente pour le chocolat chaud, trois heures pour la CAA.

J'ai trois heures à tuer et je ne sais pas trop comment les remercier, je demande :

— Vous faisiez quoi avant que j'arrive?

— On cordait du bois.

— Ben... je vais vous aider.

Moi qui n'ai jamais le temps de faire quoi que ce soit, qui suis toujours en train de me plaindre de mon horaire, pas le temps de faire d'entrevues, pas le temps de faire du sport, pas le temps de voir ma famille et mes amis, j'ai passé mon mercredi à corder du bois dans une grange au fond d'un rang perdu à Knowlton, chez un monsieur que je ne connais pas.

Je ne me souviens même pas de la dernière fois où j'ai passé la journée à prendre l'air. Ça m'a fait un bien énorme. En plus, le couple ne m'avait jamais vu la face à la télé ni n'avait entendu parler de moi.

Alors, à vous tous qui n'avez pas le temps, je vous souhaite de vous trouver un banc de neige.

Ah oui, j'ai pu visiter la maison deux semaines après. Écœurante! Parfaite! J'étais vraiment intéressé, mais quelqu'un d'autre a fait une offre avant moi. Je n'ai pas eu le temps de réfléchir...

DISCIPLINE

L'histoire est simple. Lundi soir dernier, j'avais congé et je suis sorti avec deux grands amis du secondaire, Alexis et Alexandre. Alexis est barman au Monument-National. Il porte (en fait, il supporte) des dreadlocks jusqu'aux omoplates ou un peu plus bas, dans le *spot* où on n'est jamais capable de se gratter. Il se fait la barbe à la même fréquence que je fais faire le nettoyage de mon VHS. Pour compenser, il porte toujours chemise et cravate. Ce qui lui donne un look «je vais voler ton char, mais je vais en prendre soin».

À sa sortie du secondaire, il a pris une décennie sabbatique pour voyager. D'abord, dans l'Ouest canadien, puis il a fait le tour de l'Europe deux ou trois fois. Il a même été marié avec une Française. Il n'est jamais là, il se sert plus souvent de son passeport que de sa carte de guichet. Je ne sais même pas s'il peut encore légalement se procurer des soins médicaux gratuits au Québec. Mais il possède un permis de conduire... un temporaire du Yukon. Je l'admire parce que c'est un rebelle et, contrairement à moi, il n'a pas peur de dormir sans taie d'oreiller.

Alexandre est le roi de la banlieue. Il est parfait pour le 450 : les petits chandails West Coast, il en porte trois pour avoir l'air plus bâti. Deux pintes de gel dans les cheveux, il conduit une Hyundai Accent, avec un aileron... Il possède même sa carte *VIP* au Cheers de Brossard.

Mais il s'assume totalement et il est vraiment très drôle. Il dit des conneries qu'un écho refuserait de répéter.

Les deux s'en viennent au Planet HollyHoude, surnom de ma résidence.

Alexandre est tout excité de traverser le pont et me fait répéter quatorze fois les directions pour venir chez nous (je déménage plus souvent qu'on se voit).

On prend quelques bières, et vers minuit, on décide de sortir. On aboutit dans un bar sur Saint-Laurent. J'aime bien ce genre de bar plein d'anglophones parce que le peu de gens qui me reconnaissent ne savent jamais mon nom et quand ils me le demandent, je réponds que je suis Sébastien Benoît ou Marc Dupré, et personne comprend rien.

En arrivant, je suis déjà un peu cocktail. On reçoit tous un *shooter*. En le buvant, je me demande s'il existe un terme français pour *shooter*... Il me semble que non. Mais je me dis aussi qu'il ne faut pas que j'abuse des *shooters* parce que j'ai un spectacle le lendemain.

Je fais vingt-sept spectacles ce mois-ci, et c'est comme ça depuis janvier. Alors, quand j'ai une soirée de congé, je lui sacre une volée, j'en profite. Sauf que, demain, je joue à Québec, devant mille deux cents personnes qui ont payé trente-cinq dollars le billet (non, ne faites pas la multiplication pour savoir combien je fais dans ma soirée, ça ne se calcule pas comme ça). Et ces gens-là s'attendent à ce que je sois drôle et en forme.

Deuxième *shooter*. Je suis tellement tanné de me retenir tout le temps... Je suis extrêmement discipliné, mais là, je suis avec deux vieux chums et j'ai envie de vivre un peu. Sauf que, quand tu es deux heures sur scène, tout seul, à parler et à bouger sans arrêt, si tu n'es pas en forme, ça paraît. Je commence à avoir peur que ça paraisse demain à Québec.

Troisième *shooter*. Je me sens coupable. Je sais très bien que plusieurs ont acheté leurs billets il y a six mois.

Quatrième *shooter*. Il va y avoir des ados qui ont économisé longtemps pour venir me voir.

Septième *shooter*. J'imagine les mille deux cents personnes de demain qui me regardent avec déception. Je m'imagine arriver à la séance d'autographes pour constater que personne n'est là. Mais au huitième *shooter*, ça ne me dérange plus vraiment, je suis vraiment heureux, je viens de faire croire à un Anglais que je suis Yves Corbeil.

Le lendemain, il n'y a que quelques heures entre mon réveil et le début du spectacle. Derrière le rideau, j'ai mal à la tête, mal au cœur, mal aux jambes. Je me trouve épais. Le rideau s'ouvre.

Deux heures plus tard, j'ai fini. Je suis assis dans ma loge. Je viens de faire un des meilleurs spectacles de ma vie. J'avais tellement peur d'être mauvais que j'ai vraiment tout donné; on dirait que ça m'a motivé d'être aussi magané.

On dort à Québec, je joue au même endroit le lendemain. On sort dans un bar sur la Grande Allée. Mais cette fois-ci, je vais rester tranquille. Premier *shooter*...

GRANDE CONVERSATION

Soulier droit :
— As-tu bien dormi ?

Soulier gauche :
— Non. J'haïs tellement ça, il ne prend même pas le temps de me délacer avant de se sortir le pied. Quel effort ça demande de défaire une boucle ? Il ne prend plus le temps de forcer puis de m'étirer le derrière, on dirait que j'accouche à chaque fois. Je suis rendu le cul large comme une botte Sorel...

Soulier droit :
— Ah, je le sais. Moi, c'est quand il essaye de me remettre le lendemain matin sans défaire la boucle de la veille. Non mais, il est où le respect ? J'ai besoin d'un break, je ne suis pas du bas de gamme, je ne suis pas du velcro.

Soulier gauche :
— Pis toi, as-tu bien dormi ?

Soulier droit :
— Pas vraiment, il y avait un *party* hier dans l'entrée. J'ai *frenché* une gougoune.

Soulier gauche :
— Ah ouain... Et puis ?

Soulier droit :
— Bah... c'était une gougoune.

Soulier gauche :
— Attention ! il arrive ! Je pense qu'on va aller dehors.

Soulier droit :
— Enfin ! Il est tellement sale, cet appart-là. Il faudrait qu'il s'essuie les pieds avant de sortir... Peut-être que s'il nous portait plus souvent à l'intérieur, il ferait plus de ménage.

Soulier gauche :
— Pourquoi tu dis ça ?

Soulier droit :
— T'as jamais remarqué que, quand les humains portent des souliers, ils, sont plus productifs dans la maison ? On dirait qu'ils tombent en mode « travail », ils sont prêts à effectuer des tâches. En bas, ils n'ont pas de puissance, ils sont mous. Les bas, ça convient juste pour écouter un film ou pleurer en petite boule.

Soulier gauche :
— C'est vrai. Ah ! non...

Soulier droit :
— Quoi ?

Soulier gauche :
— Il va nous mettre sans bas... Il n'a pas mis de bas !

Soulier droit :
— Maudit printemps. Ça, c'est le fun ! Moi, à la fin de la journée, j'aime ça me sentir tout trempé pis dégager une odeur de fin d'orgie. Il ne pourrait pas au moins s'acheter des bas pas de bas ?

Soulier gauche :
— Des bas pas de bas?

Soulier droit :
— C'est les petits bas coupés en bas de la cheville qu'on est supposé ne pas voir et qui donnent l'effet «pas de bas». Mais on les voit toujours un peu.

Soulier gauche :
— En tout cas, moi, je trouve ça très dur depuis que je me suis cassé le lacet.

Soulier droit :
— Tu ne t'es pas cassé le lacet, tu as juste perdu le petit bout en plastique qui les aide à passer dans les trous.

Soulier gauche :
— *Come on!* Je me suis retrouvé avec le bout en chou-fleur... et il m'a remplacé ça par un morceau de *scotch tape* qui ne tient jamais.

Soulier droit :
— Ah! pis moi, j'ai mal à la tête. Je pense qu'il ne se coupe plus les ongles...

Soulier gauche :
— Et il pourrait arrêter de marcher en pingouin... ça va mal pour jaser, je ne te vois pas la face.

Soulier droit :
— Oh! Je pense que tu vas *kicker* la roche, ferme tes yeux...

Soulier gauche :
— Merci.

Soulier droit :
— De rien. Câline, tu t'es vu la face? Tu es vraiment magané. Qu'est-ce qui est arrivé au produit?

Soulier gauche :
— Quel produit?

Soulier droit :
— Tu sais, quand il nous a choisis, il s'est fait vendre un produit, un genre de cacanne, un poush-poush pour nous protéger la peau. Il en avait déjà plein à la maison, mais il en a racheté pareil et il s'était promis de nous entretenir...

Soulier gauche :
— Ben oui, il est rendu où, le produit?

Soulier droit :
— Il est serré avec le vélo stationnaire, le kit pour faire du vin et les bons sujets pour sa chronique...

DANS L'AUTRE VIE

Je me demande souvent ce qu'on manque, quand on fait un choix, quand on prend une décision. Et si on avait fait un autre choix, pris une autre décision?

Je sais, j'ai besoin d'un hobby.

À la fin de février, je suis parti en tournée pour dix jours. Le 22, après le spectacle à Mont-Tremblant, on sort dans un bar pour jouer au baby-foot. Le soccer sur table... les bonshommes qui tournent (je dédie cette explication à toutes les mères et aux madames). Moi, je ne suis pas terrible au baby-foot, mais je fais la job, je suis un genre de Mike McPhee (je dédie cette référence à tous les gars qui ont trop écouté le hockey, dans les années 1980).

Comme d'habitude, il y a un gars qui plante tout le monde au baby-foot et qui se prend au sérieux. Être trop bon au baby-foot, personnellement, je trouve que ça fait un peu looser. Ça fait «je mets toute mon énergie là-dessus». On le sait que tu n'as pas lu beaucoup de livres quand tu es capable de faire des flammèches avec les bonshommes...

Le gars qui plante tout le monde est supposé se marier avec sa blonde et devenir mon voisin à Boucherville en 2014. À partir de là, nous sommes devenus de grands amis, nos enfants aussi. On a joué ensemble au tennis, on a organisé des épluchettes de blé d'Inde dans la rue et on a fêté l'indépendance du Québec ensemble. Mais non. Demain matin, il va laisser sa blonde et je ne le reverrai jamais.

Le 26, dans un bar de Val-d'Or, je commande une bière à la serveuse.

Évidemment, je lui demande de m'énumérer la liste de toutes les marques de bières importées pour finalement choisir une Molson Dry.

Je paye, elle me remet ma monnaie et attend à côté de moi sans bouger. C'est mauvais signe. Je n'aime pas ça quand c'est trop évident que la serveuse attend son pourboire. Fais semblant de t'en aller, aie l'air préoccupé, joue une *game* de marelle, essaye de nommer tous les personnages du village de Nathalie...

La jeune serveuse est supposée commencer à étudier le droit dans deux ans pour finalement devenir avocate. Elle nous a défendus en cour,

le gars du baby-foot et moi, quand, lors d'un barbecue un peu *hard-core*, on a mis le feu à la clôture d'un voisin... et un peu à sa fille de quatre ans.

Mais non. Ce soir, elle ne regardera pas le documentaire qui lui donnera le goût de pratiquer cette profession. On perdra en cour et on sera obligés de rembourser la clôture et la petite fille du voisin.

Le 27, à Amos, dans la rue, un gars m'a photographié avec un cellulaire qui prend des photos, et il pense que je ne m'en suis pas rendu compte. Ces cochonneries-là devraient être interdites. Je m'excuse, mais ça commence à ressembler à de l'espionnage.

Et en plus, il devrait venir me saluer et me remercier parce que j'étais supposé mettre le feu à sa clôture et un peu à sa fille de quatre ans dans quinze ans. Mais non. Finalement, il n'a pas acheté la maison à côté de la mienne, découragé, lors de sa visite, par un puissant solo de drum de ma part en direct de mon sous-sol non insonorisé.

Le 29, j'ai dû revenir en avion à Montréal pour le Gala les Olivier. Dans l'avion, je suis du côté du hublot. On est toujours content d'être au bord de la fenêtre. Sauf que moi, je ne suis jamais vraiment vis-à-vis de la fenêtre. Elle n'est jamais alignée avec mon visage, elle est toujours à côté de mon épaule ou dans le dossier de la personne devant moi...

Je me demande souvent ce qu'on manque, quand on fait un choix, quand on prend une décision. Et si on avait fait un autre choix, pris une autre décision?

Celui qui a la fenêtre à la bonne place est en arrière de moi. Il est guitariste. Il est assis à côté d'un chanteur. Ils ne se connaissent pas.

Les deux sont supposés former le plus grand groupe québécois des années 2010–2020. Des disques platine, des tournées. Ils ont même écrit la chanson officielle de l'indépendance du Québec, jouée pour une première fois lors de la victoire du Oui au troisième référendum.

Mais non. Ils ne se sont jamais adressé la parole, le guitariste était trop occupé à regarder par la fenêtre.

J'ai souvent revu le chanteur, j'ai même essayé d'éteindre sa clôture et sa fillette de quatre ans...

LE PREMIER PAS

Je sors de mon lit. Je soulève mon pied du sol, entame mon premier pas de la journée. Et là, ça commence…

Nouvelle journée, nouveau bout de vie. Je sais pourquoi on existe : pour se trouver quelque chose qu'on aime faire, *frencher* un peu partout, avoir si possible des enfants, voyager un peu, aller aux glissades d'eau deux, trois fois, louer un chalet, être malade dans le Monstre et apprendre à commander une bière en espagnol.

C'est beau, la vie, mais ce matin, ça ne me tente pas.

Il y a toujours quelqu'un qui arrive dans l'ascenseur quand tu veux être tout seul dedans.

Il y a toujours un feu de circulation qui est toujours vert. Une espèce de feu facile, on le tient pour acquis, puis un jour, on l'attrape rouge et on se sent trahi…

Il y a toujours des œufs Cadbury, mais il n'y a jamais de jaune dedans.

Et il y a toujours des arcs-en-ciel, mais qui ne contiennent que du jaune. J'ai le mal de vivre…

Au début du printemps, la première journée où il fait un peu chaud et où l'on peut se promener sans manteau, il y a toujours un gars qui exagère et qui sort en short. Là, on dit tous : «Regarde, il est en short, c'est cocasse…» Et le gars, il est fier : «Mission accomplie, je passe pour un cocasse.»

Ça n'a pas vraiment rapport, mais partout au Québec, il y a toujours un Subway à côté d'un Tim Horton's.

Il y a toujours une belle fille qui crache par terre et qui perd tout son charme.

Il y a toujours juste une fraise dans les salades de fruits au restaurant. Mais en dessous, il y a plein de cantaloup. Une seule fois, surprenez-moi, faites-moi une salade de fruits avec juste des fraises, des raisins, des cerises et un morceau de cantaloup sur le dessus.

Avez-vous déjà remarqué que le beurre de pinottes Kraft n'a pas le même goût dans le pot qu'on achète que dans les petits *cups* en plastique au restaurant ? Comment ça se fait ?

Ça n'a pas vraiment rapport, mais il me semble que le spaghetti n'a plus le même goût quand on le coupe.

La vie est difficile. Est-ce que quelqu'un est capable de garder le contrôle d'un *Crazy carpet* ? Je n'ai jamais été capable d'avoir le contrôle en *Crazy carpet*. Trouvez-moi quelqu'un qui est capable d'arriver en bas de la pente sans que l'ostie de *carpet* se soit tout enroulé…

Je ne suis pas en forme. OK. Je fais des sports de raquette, mais c'est juste pour faire semblant de jouer de la guitare quand je marque un point.

Est-ce que c'est normal que j'aime encore Metallica ? Je ne suis pas certain.

Ah oui ! J'haïs les caméras numériques parce que, chaque fois que quelqu'un prend une photo, elle disparaît avant qu'on vienne la regarder sur l'écran.

Ça n'a pas rapport non plus, mais suis-je le seul qui soit vraiment en train de s'attacher au couple Canadian Tire ?

Puis, ma carrière, quel désastre. J'ai l'impression que mon gérant dirige une maison de gérance pas fiable, pas très sérieuse, parce que, quand on fait un appel de ses bureaux, on n'a même pas à composer le 9 avant de faire le numéro.

Je déteste les parapluies. Je n'ai jamais eu de parapluie de ma vie. J'aime la sensation d'être trempé à cause de la pluie. Ça me donne une excuse pour avoir l'air déprimé. Et je trouve ridicules les gens qui essayent de marcher à deux sous un parapluie. Au lieu d'avoir une personne sèche et une personne mouillée, ça donne deux personnes à moitié sèches… non, à moitié mouillées.

Mon pied retombe et touche le sol, je termine mon premier pas. Bon, ça s'est bien passé. Je vais en faire un autre.

Je mène une vie toute simple…

NOUVEAUX SOUVENIRS

Comme on ne m'a pas demandé de chroniques pendant l'été, en voici les faits saillants. Merci de vous arrêter, jeunes et moins jeunes, étudiants, travailleurs, ou Guy A. Lepage, qui me lit sur la bolle. Bonne rentrée.

Le 15 juin, je m'installe dans un chalet loué pour trois mois, au bord de l'eau, à Orford. J'ai promis à plein de gens de les inviter…

Les voisins ont deux ados et un chien. Les ados hurlent, le chien hurle et la mère hurle après le chien. Ce qui, de mon balcon, me donne une mauvaise photocopie de tranquillité. La mère fait juste ça : elle hurle après un petit chien toute la journée. Faut vraiment être certain qu'il y a une vie après la mort pour passer ses jours comme ça.

Le 21 juin, je passe la nuit chez Patrick Groulx qui a aussi loué un chalet à cinq minutes du mien. À six heures du matin, nous partons en chaloupe, pour aucune raison précise. Nous nous arrêtons sur une petite île au milieu du lac et nous nous baignons en bobettes dans une eau à douze degrés. Patrick a peur, il pleurniche et me supplie de sauter avant lui.

Le 8 juillet, au Liquor Store de Magog, je découvre la vodka Red Bull.
Le même soir, je traverse le lac Memphrémagog à la nage et je pogne une crampe quand je vois le prix des chalets qui entourent le lac.

Le 8 juillet, au Liquor Store de Magog, je découvre la vodka Red Bull (boisson énergisante). Le même soir, je traverse le lac Memphrémagog à la nage et je pogne une crampe quand je vois le prix des chalets qui entourent le lac.

Le 12 juillet, je vais dans un magasin de chasse et pêche pour me faire croire que je suis un gars de plein air. Je vais pêcher seul. Je passe du temps avec moi-même, j'apprends à me connaître… et, finalement, je me rends compte que je ne suis pas super intéressant.

Le 17 juillet, assis sur le balcon du chalet, l'envie me prend d'apprendre le nom de tous les papillons. Ça me passe au bout de deux minutes.

Le 22 juillet, lors d'un court voyage avec des amis, nous faisons du *bungee* à Las Vegas en état d'ébriété, trente minutes avant de prendre l'avion. Patrick Groulx a peur, pleurniche et me supplie de sauter avant lui.

Le 4 août, j'essaie le ski nautique pour me convaincre que je suis un gars cool. Au moins, je bronze vraiment. En fait, je bronze tellement que le soleil est essoufflé. En sortant du lac, je m'assois dans ma voiture avec mon maillot de bain détrempé. Je mets ma serviette sous moi, elle devient aussi trempée, et tout ce ramassis de trempitude me fait vraiment sentir comme quand j'avais cinq ans. Ça peut paraître bizarre, mais je me rends compte que ça fait très longtemps que je n'ai pas été assis tout trempé dans un char. Cette sensation me rappelle ma jeunesse. Le genre d'affaire qui t'arrive juste entre cinq et dix ans…

Le 17 août, après mon spectacle à Trois-Rivières, nous sortons, et un épais pogne les nerfs après moi dans un bar. Pour une fois, j'ai répondu ce que je pensais au lieu d'être poli. L'épais m'intimide et me menace, mais trois gars musclés me viennent en aide. L'épais réagit mal et les trois gars finissent par lui péter la gueule. La sécurité s'en mêle et offre une tournée de brutalités à tous les participants. Les musclés et l'épais se font sortir à coups de pied dans la face. J'ai du sang sur moi. Pas le mien. Je m'accote au bar pour commander une bière, mais j'ai juste envie d'un verre de lait et du pâté chinois de ma mère.

Le 24 août, je vais jouer au golf, pour me prouver que je suis un gars.

Le 6 septembre, après de multiples réflexions, Patrick Groulx et moi rencontrons notre gérant et ami de longue date pour lui annoncer que nous mettons fin au contrat qui nous lie avec lui depuis six ans. J'ai peur, je pleurniche et supplie Patrick de sauter avant moi.

LA MORT SYMPATHIQUE

Ce que j'aime le plus de l'Halloween, c'est que, avec ses pierres tombales en plastique et ses costumes de squelettes, elle rend la mort presque sympathique. Un enfant de huit ans se déguise en flaque de sang et on trouve ça *cute*.

On devrait être plus à l'aise de parler de la mort.

La population est vieillissante et, pour les prochaines années, dans nos visites à l'église, les funérailles l'emporteront sur les mariages et les baptêmes.

J'ai eu vingt-sept ans la semaine dernière et c'est un âge bizarre. C'est un entre-deux. Vingt-sept n'est plus la mi-vingtaine ni vraiment encore la fin vingtaine.

Je ne suis plus un petit jeune, mais je ne suis pas encore un monsieur.

Je commence à ressembler à un personnage de *La Vie, la vie*.

Ni très jeune ni monsieur.

Par exemple, ce mois-ci, je suis allé écouter Richard Desjardins accompagné de l'Orchestre symphonique de Montréal, et le lendemain, je courais à Québec voir Metallica. J'ai adoré les deux. Remarquez que j'ai écrit «écouter» Richard Desjardins et «voir» Metallica. Ça donne une idée des forces de chacun.

Hier, je me suis fait vouvoyer par une fille de dix-huit ans. Et moi de lui répondre : «Ah! laisse faire le vous...» Ce qui me rendit encore plus matante. Une autre, de quatorze ans, m'a fait la remarque : «Vos cheveux commencent loin...»

Je sais que je suis encore très jeune, mais je me dis qu'un jour je serai un vieux monsieur et, parfois, je me demande comment tout ça va finir.

Mon rapport avec la mort a changé depuis que je fais de la tournée. Les accidents de la route sont une des principales causes de décès au Québec. Comme je suis constamment en déplacement, je cours plus de risques de mourir. Je suis très sérieux quand je dis que, lors d'un départ pour dix jours sur la route, je laisse mon appartement dans l'état où j'aimerais qu'on le trouve si je n'y revenais jamais. Ce que je veux dire, c'est qu'il y a beaucoup moins de revues de fesses chez moi depuis que je prends des avions à six places...

Mais je ne voudrais jamais mourir dans un gros avion. En fait, je ne voudrais pas mourir en groupe, dans une catastrophe. Un écrasement d'avion ou un tremblement de terre, par exemple. Je ne voudrais pas être parmi les victimes de quelque chose. C'est pas que je n'aime pas le monde, mais je n'ai pas envie de me faire marcher dessus par les frais chiés de survivants.

Et puis, après le 11 septembre, c'est difficile d'être dans une catastrophe qui se démarque vraiment...

Justement, il est important de choisir ou de tomber sur une bonne date.

Moi, j'aimerais bien mourir le jour de ma fête. J'ai toujours été un gars organisé, avec un système. Mourir le jour de sa fête, je ne sais pas, je trouve ça symétrique. Ça fait «je vise vraiment bien, je suis précis».

Mon plus grand but est qu'éventuellement les écoles soient fermées le jour de ma fête. C'est très difficile d'y arriver. Les gens qui « deviennent » un congé sont rares comme des Honda Civic dans le stationnement d'une bibliothèque. Je doute de changer suffisamment le monde pour qu'on ferme les écoles le jour de ma naissance, mais si en plus je meurs la même journée, il me semble que ça *booste* la date...

Oui, j'aimerais devenir un congé. Comme Dollard des Ormeaux, qu'on fête en oubliant qui il est. Ou l'Halloween, qu'on fête en oubliant souvent c'est quoi...

LES GENRES MASCULINS

Quand je n'avais pas une cenne, personne ne payait pour moi.

Maintenant, on me paye des drinks. C'est bien fait, hein ? Parfois, je conduis et je dois refuser un *shooter*. Il y a des gars qui ne comprennent pas que tu ne pourras pas conduire si tu en prends un autre. Ils insistent, tu déclines poliment, ils insistent encore, tu déclines plus fermement en expliquant que tu ne veux pas te tuer et ils finissent par se fâcher. Je ne comprends pas ce genre de gars-là et j'ai encore plus de misère avec :

Le genre de gars qui vide son cendrier d'auto dans la rue.

Celui qui appelle les autres *big*, le gros ou le grand.

Celui qui, sans aucune réflexion, chiale contre les chômeurs et les gens sur l'aide sociale et pense qu'il paye la traite à tout ce monde-là avec son salaire annuel.

Celui qui klaxonne pendant quinze secondes en pensant que ça lui donne de l'autorité.

Celui qui est capable de niaiser la fille de la commande à l'auto juste quand il y a d'autres personnes dans l'auto.

Celui qui te serre la main en regardant ailleurs. Celui qui n'a pas le temps d'aller donner du sang, mais qui attend en file pour faire laver son char un samedi après-midi ensoleillé.

Celui qui fait le fou juste quand sa blonde n'est pas là.

Ceux qui se battent dans la rue, dans les bars ou au Mini-putt Saint-Eustache (j'étais soûl et l'octogénaire avait couru après). Quand on en vient, dans une discussion animée, à vouloir frapper quelqu'un, c'est qu'on n'a plus assez d'imagination pour l'insulter. On avoue notre pénurie d'idées ou de vocabulaire. Et je ne dis pas ça parce que je pèse cent cinquante livres et que j'ai autant de talent pour me battre que pour changer la bonbonne de propane de mon barbecue.

Non, je pense vraiment qu'il n'y a aucune situation où une bataille est justifiable... du moins, dans le quotidien. Avoir envie de planter quelqu'un parce qu'il a violé ta sœur, c'est normal.

Appelle-moi, je vais t'aider. Au pire, je vais apporter un goûter et des rafraîchissements. Non, moi je parle d'une bataille qui éclate dans un bar parce que Mike Nike a échappé sa bière sur Éric Civic. Et ça se frappe dessus comme si la sécheuse n'existait pas.

Les gars qui se défigurent pour un conflit qui ne passe pas aux nouvelles, un conflit *one-night*, un conflit de consolation sont des épais qui mériteraient de se faire enlever leur droit de vote.

Le gars qui a eu l'idée des bouteilles de bière de 1,18 litre. Les énormes bouteilles dans les dépanneurs, au goulot stade-olympiqueste, conçues spécialement pour les alcooliques pauvres. Oui, les ivrognes et les clochards. C'est l'équivalent de plus de trois bières pour 4,49 $. Pensez-vous sérieusement que de rendre l'alcool si abordable soit dans le but de rejoindre les jeunes professionnels ou les pères de famille ? Quand ton drink est trop gros pour tenir dans une main, tu devrais revoir tes priorités... En plus, la quantité est bizarre, un peu hypocrite. 1,18 litre... C'est trop précis, il doit y avoir une raison, du genre : «Ben non, on n'en mettra pas un litre et demi, ça n'a pas d'allure, une bière d'un litre et demi ! On va arrêter un peu en dessous, ça fait moins ivrogne.»

C'est comme d'aller au restaurant et de prendre la bouteille de vin la deuxième moins chère pour ne pas avoir l'air trop pauvre. Maintenant, je prends la deuxième plus chère pour ne pas avoir l'air trop riche... C'est une blague. De toute façon, depuis que ma carrière marche bien, on me paye tout le temps mes drinks...

Quand je n'avais pas une cenne, personne ne payait pour moi.

Maintenant, on me paye des drinks. C'est bien fait, hein ? Parfois, je conduis et je dois refuser un *shooter*. Il y a des gars qui ne comprennent pas que tu ne pourras pas conduire si tu en prends un autre. Ils insistent, tu déclines poliment, ils insistent encore, tu déclines plus fermement en expliquant que tu ne veux pas te tuer et ils finissent par se fâcher. Je ne comprends pas ce genre de gars-là et j'ai encore plus de misère avec :

Celui qui parle au cellulaire en soupant au restaurant avec sa blonde.

Celui qui pogne les nerfs après sa mère.

Mais surtout, celui qui recommence sa chronique sans fin...

LA GUIGNOLÉE, UN SHOW

Cette année, je suis devenu le troisième porte-parole de La grande guignolée des médias, avec Vincent Graton et Rita Lafontaine. Depuis le 9 décembre, notre rôle est d'encourager les gens à donner aux familles dans le besoin, afin de permettre à celles-ci de passer un Noël joyeux, un Noël gras, un Noël arrosé, un Noël avec un peu de sauce.

Je vous rappelle le contexte. Durant la semaine de la guignolée, l'émission *Il va y avoir du sport*, animée par Marie-France Bazzo, présentait le débat : « Pour ou contre la guignolée ? » Du côté des « pour » : Tommy Kulcyzk, de Jeunesse au soleil, et Vincent Graton. Du côté des « contre » : Monique Simard, productrice, et Yves Manseau, activiste.

Durant le débat, Mme Simard évoquait le fait que la guignolée des médias œuvre seulement pendant la période des fêtes et que les enfants de milieux défavorisés ont faim le 25 décembre, mais aussi le 12 avril et le 15 juillet. Bravo ! Bon calcul. Mais le but de La grande guignolée des médias n'est pas seulement de nourrir des familles à Noël, mais aussi de sensibiliser les gens face à la pauvreté et de rappeler à nos élus qu'il y a plus d'un million d'enfants pauvres au Canada.

J'ai été un peu écœuré quand M. Manseau a prétendu que la guignolée est un show pour les gens et les entreprises qui s'y associent. Et que beaucoup d'entre eux embarquent pour se donner bonne conscience. On s'en sacre que Roger se donne bonne conscience en donnant. L'important, c'est que Roger donne. On est rendu à critiquer la manière de donner, l'état d'âme approprié lors du don. Si Roger se donne bonne conscience en donnant le 25 décembre, peut-être qu'il va aimer ça et qu'il va aussi se donner bonne conscience le 12 avril et le 15 juillet (c'est dommage que je m'exprime ici par écrit parce que le ton que j'ai en ce moment vaudrait vraiment la peine). Et que dire des propos selon lesquels la guignolée des médias est un show, celui des donateurs... Je pense qu'on commence à manquer de scandales, si on en est rendu à dénoncer les gestes charitables.

Monique Simard et Yves Manseau y sont allés d'une spectaculaire démonstration de mauvaise foi. Comprenez-moi bien : je les ai écoutés. Ce sont des gens qui ont deux fois mon expérience de vie et dix fois mes connaissances en causes sociales. Ils ont tout à fait raison lorsqu'ils disent que La grande guignolée des médias ne réglera pas le problème de la pauvreté au Québec et qu'on ne s'y attaque qu'en surface. Mais on vient quand même d'amasser 460 000 $ et l'équivalent de 9000 sacs d'épicerie ; je ne vois pas comment on peut percevoir quelque chose de négatif là-dedans. On sait qu'on ne réglera jamais le problème, mais on ne fait pas un show, on fait ce qu'on peut. Le gros bon sens.

Je pense qu'on peut s'attaquer à la pauvreté sans planter la guignolée des médias. Pourquoi aller dire que l'événement est un show et dénoncer des entreprises qui donnent ? Juste pour le fun d'être contre quelque chose, de montrer qu'on ne pense pas comme tout le monde, dans le but de faire réagir ou d'être invité à *Tout le monde en parle* ? On le sait que souvent le monsieur de la compagnie aime ça poser devant les caméras avec son gros chèque en plastique, mais c'est mieux que rien pantoute. On n'est quand même pas pour ne rien donner aux pauvres à Noël parce qu'il y a deux ou trois crapets qui en profitent pour *flasher*...

Non, je ne comprends pas l'intérêt d'aller à la télé et de parler contre un événement comme la grande guignolée.

C'est correct de ne pas participer à la guignolée. On peut essayer de changer les choses à sa manière, de suggérer d'autres solutions, de s'impliquer dans quelque chose qu'on pense être plus efficace, de dénoncer les incohérences du système, mais pourquoi prendre position contre la guignolée ? Pourquoi aller chialer contre la générosité, même si elle n'est qu'occasionnelle ? Pour inciter les gens à ne pas donner ? Pour suggérer autre chose ? Non. Pour faire un show.

FLOP EN SEPT MOUVEMENTS

Jour 1 — Il pleut. Je suis à Puerto Plata avec un groupe de sept amis, pour sept jours. Je suis complètement vidé. J'ai donné 208 spectacles en 2004. En décembre, il m'est arrivé à plusieurs reprises de dire une blague sur scène et de la recommencer sans m'en rendre compte.

Je me disais : «Bah, un peu de fatigue.»

Grosse surprise, lors du visionnement de *Ma vie en cinémascope*, de découvrir que les premiers signes de perte du nord d'Alys Robi étaient de recommencer une chanson sans s'en rendre compte.

J'avais vraiment besoin de vacances.

Jour 2 — Il pleut. Sylvie-Anne est la première à tomber au combat. En fait, il n'y a même pas de combat : on se fait massacrer à coups d'empoisonnement alimentaire et de virus. Le médecin branche Sylvie-Anne sur le soluté, lui donne des injections. Elle se videra pendant trois jours.

Tous les autres ont suivi, autant notre groupe que la plupart des clients de l'hôtel. La clinique médicale est toujours pleine. Ça devient l'endroit *in* des gens branchés… sur le soluté (pardonnez-moi le jeu de mots, je suis encore malade).

On y fait des rencontres, on se raconte nos incidents gastriques.

Et on apprend la vérité : 300 personnes sont atteintes dans l'hôtel. En fin de journée, Benjamin souffre d'une fièvre assez agressive. Il appelle le médecin. Celui-ci tarde à arriver. Une urgence, paraît-il, dont nous apprenons plus tard la nature : un client est mort.

Jour 3 — Il pleut. À mon tour d'être malade. Je vous épargne les détails. Mais disons que je ne fais jamais rien à moitié.

Jour 4 — Il pleut. Nous nous détériorons au restaurant. Patrick Groulx porte un petit pantalon blanc serré. Il court le changer pour un jeans, au cas où…

Pathétique. On en est au point où un homme de trente ans ne peut plus porter de pantalon blanc, il y a trop de risques qu'il chie dans ses culottes.

Jour 5 — Il pleut. Nous agonisons dans nos chambres équipées d'un minibar. Les boissons gazeuses ont une date d'embouteillage. On lance un concours d'ancienneté et c'est Isabelle qui l'emporte avec un Pepsi du 31 janvier 2002.

Plus tard, dans ma salle de bains, j'écrase une coquerelle en criant comme une fillette.

Jour 6 — Nous nous décomposons au bord de la piscine.

Souvent, dans ce genre de gros *resort*, des gens arrivent à la piscine à sept heures, déposent leur serviette sur une chaise longue, la même tous les matins, et la chaise chanceuse devient la leur pour la journée. Principe dont nous nous crissâmes assez solide.

Nous nous installons donc sur quelques chaises longues où traînent des serviettes. Une famille d'Ontariens approche. Le père nous informe qu'ils sont allés à la plage, puis dîner, puis aux toilettes, et qu'ils veulent reprendre leurs places.

Je lui explique que le règlement de l'hôtel dit qu'il est interdit de laisser sa serviette sur une chaise et de revenir deux heures plus tard.

L'Ontarien pompe, il me dévisage. Il a regardé les gars de notre groupe, puis s'est aperçu que j'étais le moins large. Il a regardé les filles et s'est aperçu que j'étais toujours le moins large. Il menace de me garrocher au fond de la piscine. Chose que je prévoyais faire moi-même de toute façon. Comme quand il m'a envoyé chier, disons que c'était déjà dans mes plans.

Finalement, il est parti. Et quoi encore… ah oui! Il s'est mis à pleuvoir.

Jour 7 — Il pleut. Je vous jure qu'il a plu tous les jours.

Putréfiés, nous croisons l'Ontarien de la piscine et réglons notre petit différend. Il nous explique que sa famille et lui sont aussi malades et écœurés que nous. Il s'excuse pour les menaces et tout se termine bien. C'est aussi seulement à ce moment que nous apprenons qu'il est Ontarien. Patrick finit le voyage avec ceci : «Ah oui? Vous êtes de l'Ontario? On ne le savait pas. Quand vous avez menacé mon ami de le lancer dans le fond de la piscine, on pensait que vous étiez Américain…»

J'ai repris ma tournée et je suis présentement à Rouyn-Noranda. Juste à côté de l'hôtel, il y a un concessionnaire d'automobiles. Je ne pourrais même pas dire lequel tellement il y a épais de neige sur les chars. Il vente, la route est glissante, il fait moins trente, et je suis vraiment heureux.

MERCI QUÉBEC

Dimanche dernier, au Gala les Olivier, j'ai reçu le prix du plus vendu... Non, du spectacle le plus vendu. En fait, c'est basé sur le nombre de billets vendus. Bref, j'en ai profité pour remercier le Québec.

Ce matin, lundi, au lendemain des Olivier, je suis seul avec les pilotes dans un petit avion à six places, en route pour Bathurst où je rejoins mon équipe pour le trois cent quatre-vingt-douzième spectacle de cette tournée.

Le fait de survoler la province et de voir si bien ce qui se passe au sol me donne la chienne, mais aussi l'envie de décrire davantage notre Québec. Ça me donne aussi un moment d'intro-spection un peu quétaine que je serais du genre à raconter dans l'émission spéciale sur ma vie, diffusée quand je ne serai plus drôle.

Voici ce qui pourrait vous encourager à passer vos prochaines vacances au Québec.

Dans la ville où l'on prend le traversier pour l'Île-aux-Coudres, il y a une pancarte qui indique une vitesse maximale de 16 km/h.

Mais ils te laissent aller jusqu'à 22...

Il n'y a qu'au Québec qu'on voit ça.

Au Tim Horton's entre Port-Cartier et Sept-Îles, quand tu prends un café pour emporter, on te regarde dans les yeux et on te demande si tu veux une paille tellement la route est mauvaise... C'est vrai.

Seulement dans la Belle Province.

Je vous jure que sur la route 132, près de Rivière-du-Loup, je me suis arrêté dans une poissonnerie acheter du poisson et on m'a donné un calendrier de filles nues...

Seulement ici, territoire de ceux qui filment leur journée à la cabane à sucre.

À Québec, sur la Grande Allée, il y a un restaurant Ashton qui marche très fort à quatre heures du matin. Eh bien, c'est confirmé, personne ne s'est jamais marié avec quelqu'un qu'il avait rencontré là.

À Rimouski, il y a un bar de danseuses où, si tu prends une bière, et que tu montes sur scène, et que tu enlèves tes vêtements, et que tu danses... on te demande d'arrêter. Seulement chez nous, royaume des gars de dix-sept ans qui font modifier leur Civic avec leurs prêts et bourses.

Sortez un peu, longez les autoroutes et admi-rez toutes ces maisons où les gens mettent des draps dans les fenêtres au lieu d'installer des rideaux. On voit ça souvent, un drap contour dans la fenêtre. Rendu là, aussi bien clouer une pancarte : «Je n'ai pas de job.»

Souvent, devant ces mêmes maisons traîne un Ski-Doo démonté ou un Duster 1973 sur quatre blocs. Tout le contenu d'un garage, mais sans le garage autour.

Très populaire chez nous, où le casino est ouvert vingt-quatre heures et la pharmacie ferme à vingt et une heures.

Parcourez le Québec et découvrez qu'il n'y a pas un endroit où on peut manger une brioche qui n'est pas un peu sèche. Je n'ai jamais mangé une brioche qui n'était pas un peu sèche.

Sur l'autoroute 20, direction est, près de Saint-Hyacinthe, il y a un marché aux puces. Pas un marché aux puces cinq étoiles. Non, un plus bas de gamme. Une vieille bâtisse délavée, toute croche. Et juste devant l'enseigne du marché aux puces, alignés dans la garnotte, une dizaine de drapeaux du Québec pâlis, déchirés, troués. Les jours de pluie, c'est une triste vision.

Arrêtez-vous dans les villes et rencontrez les milliers de gens qui disent «sousie» au lieu de «sosie». Vous ne l'avez peut-être pas remarqué, mais le jour viendra où il y aura un reportage à *Enjeux* sur le nombre de gens qui disent «sousie» au lieu de «sosie».

Vivez la vie nocturne dans les bars qui sentent le Windex, aux comptoirs en mélamine grise. Ces bars un peu louches qui changent d'administra-tion à chaque cocktail Molotov. Ils ont des «deux pour un» sur la bière... à huit dollars la bière.

L'avion va atterrir. Enfin le Nouveau-Brunswick! C'est très beau, mais je suis certain qu'il n'y aura pas moyen de trouver une brioche qui ne sera pas un peu sèche...

SEMAINE DU 31 MARS AU 6 AVRIL 2005

PLUS DE 3000 VÉHICULES EN INVENTAIRE !

Dimanche dernier, j'étais assis dans mon appartement (le Planet HollyHoude), devant la fenêtre de mon bureau, à regarder le ciel en quête d'un sujet pour cette chronique.

Le sujet m'est passé devant les yeux. Vous l'avez peut-être aperçu vous aussi. La publicité aérienne d'Encan direct H. Grégoire. L'avion avec la banderole « Encan direct H. Grégoire » qui survole Montréal depuis quelque temps me lève le cœur. C'est trop, c'est d'un extrême mauvais goût. Avec cette publicité, les seules ventes qui risquent d'augmenter sont celles des armes à feu. J'ai jamais autant eu le goût de posséder

Quand je regarde le ciel, je rêve, je me détends. Y voir de la publicité, c'est comme de se faire agresser par sa grand-mère. On ne peut même plus faire confiance au ciel.

une mitraillette et de savoir viser.

On le sait que vous existez, on le sait que ça va bien. On a compris.

La télé, la radio, les journaux, mais pas le ciel ! C'est à peu près le dernier endroit sans publicité. Laissez-le-nous ! C'est un endroit sacré, pur, apaisant. Quand je regarde le ciel, je rêve, je me détends. Y voir de la publicité, c'est comme de se faire agresser par sa grand-mère. On ne peut même plus faire confiance au ciel.

On devrait pouvoir s'étendre sur le mont Royal et regarder les nuages sans se faire achaler par un marché aux puces de chars. Le dimanche, en plus. C'est dégueulasse. Je ne sais pas ce que j'ai, mais il y a quelque chose qui me répugne profondément à voir de la publicité dans le ciel un dimanche après-midi.

Surtout qu'Encan direct H. Grégoire a transformé l'écoute de la radio FM en torture auditive. Toujours la même fille qui annonce : « Michelle Therrien pour Encan direct H. Grégoire… » Le problème, c'est qu'elle a une très belle voix et

que je ne suis pas capable de changer de poste quand je l'entends, alors je me tape toutes les aubaines et les nouveaux arrivages. Je ne suis plus capable ! Il m'arrive même de me réveiller la nuit en criant : « Besoin d'un 4x4 !?! »

Tout ça sans parler des pubs télé, avec les clients satisfaits. Avez-vous vu celle du gars de quarante-cinq ans qui s'achète une Porsche jaune ? En passant, Tony, quarante-quatre ans, c'est l'âge maximum pour avoir des mèches blondes (pour un gai, c'est quarante-six). Et dix-neuf ans, c'est l'âge maximum pour avoir un char jaune…

Je n'irai jamais acheter une voiture chez vous, même si je suis convaincu que le personnel est compétent et qu'on peut y faire de bonnes affaires. Jamais. Pourquoi ? Parce que vous me tapez sur les nerfs. C'est la seule et unique raison. C'est niaiseux, hein ? Mais c'est comme ça. Vous voulez trop. Vous êtes comme l'ami fatigant qui appelle tout le temps.

Vous envahissez nos vies. J'achèterais chez vous et j'aurais l'impression d'être une victime, d'être endoctriné, d'être manipulé par une machine.

Et pourtant, je n'ai rien contre la publicité. Au contraire. Moi-même, je fais des pubs à la télé et elles tournent beaucoup, mais je ne cours pas dans le parc La Fontaine le dimanche après-midi en hurlant Lo-be-law !

Des fois, le monde, il faut leur, comment on dit ça… ah oui, leur crisser la paix.

La prochaine fois qu'ils font décoller l'appareil, je me faufile à l'intérieur, je débarque le pilote, je prends les commandes et je plante l'avion dans la tour de la Bourse.

S'il y a des morts, c'était à eux de ne pas travailler le dimanche.

TOUTES MES EXCUSES

Ma vie est une série de malentendus, d'erreurs de jugement, de quiproquos. Je suis toujours à la mauvaise place au mauvais moment : ma vie est un théâtre d'été.

Le 6 avril dernier, je roule sur l'autoroute 10. Je reviens d'un spectacle à Sherbrooke. Il fait noir, mais je reconnais le camion « Location Jean Légaré » qui transporte mon décor et deux membres de mon équipe, Maxime et Benoît. Ils ont quitté la salle de spectacle avant moi et ont pris de l'avance. Je les rattrape. Ils sont dans la voie de droite, je suis à gauche, je m'avance nez à nez avec eux et je commence à faire des niaiseries à mes confrères. C'est une obligation. N'importe quel être humain qui conduit sait que, lorsqu'on suit un ami en voiture et qu'on se retrouve côte à côte sur la route, on est obligé de faire une grimace ou simuler qu'on veut faire une course… C'est une tradition qui frôle le statut de loi.

J'y vais donc avec les classiques : un doigt dans le nez, deux doigts dans le nez, stylo dans le nez… tentative de faire une toune en klaxonnant, je colle mon véhicule dangereusement proche du camion, feins de vouloir courser. Les standards.

Mais Maxime et Benoît se montrent difficiles et ne rient pas du tout, me laissant me planter comme un numéro visuel japonais au Festival Juste pour rire. C'est peut-être à cause de la noirceur, moi-même je les vois à peine.

Je réduis ma vitesse, je les laisse me devancer pour ensuite les rattraper et je refais mon entrée. J'entame mon deuxième set et j'attaque avec du solide. D'abord, je me rentre le poing au complet dans la bouche (idée volée à la délicate Cathy Gauthier). Puis, j'enchaîne avec un doigt d'honneur, une langue d'honneur, un touche-pipi d'honneur.

Comme rappel, je baisse la vitre du passager et je lance une banane provenant d'un panier de fruits volé dans la loge. Elle atteint la vitre du camion, mais Maxime réagit à peine.

Je vais avoir besoin d'un troisième set. Je sors l'artillerie lourde. Encore une fois, je ralentis et je sors de leur champ de vision. J'enlève mon manteau tout en conduisant. Cette épreuve de contorsion, réservée aux moins de deux cents livres, est une opération délicate, mais j'y parviens avec succès et en lançant seulement trois blasphèmes. J'enlève ensuite mon chandail. Je m'avance à côté des gars, torse nu. Je suis nu-torse au volant et je me beurre les lèvres de Lypsyl en me flattant le torse, ce qui, avouez-le, est assez solide comme gag de route. Puis, comme grande finale, je me rentre une pomme dans la bouche et je la tiens entre mes dents (idée volée à un cochon dans un méchoui).

Sans succès. Je ne vois pas le regard des gars, mais je sens dans leurs gestes que, pour eux, je suis le plus gros crapet du monde. J'abandonne, je les dépasse et m'éloigne. En arrivant à Montréal, je les appelle pour aller prendre une bière.
— Allo ?
— Salut, Ben, c'est Louis. Je me demandais si… coudonc, il y a beaucoup de bruit, qu'est-ce que vous faites ?
— On est Chez Roger…
— Pardon ?
— Le bar Chez Roger, on vient juste d'arriver.
— Vous êtes pas en arrière de moi ?
— On est chez Roger !
— Non. Ostie, non.

Je sais que ce n'est pas une blague, j'entends la musique, les gens, les verres qui se cognent. Je comprends pourquoi les gars ne réagissaient pas. Le camion qui me suit n'est pas celui de mon décor et transporte deux inconnus. Deux inconnus qui vont dire à tout le monde : « Louis-José Houde s'est arrêté à côté de nous, il voulait faire une course, s'est rentré un stylo dans le nez, nous a fait des *fingers*, nous a tiré une banane, puis il s'est mis à chauffer tout nu en se flattant le *chest* avec une pomme dans la gueule ! »

À vous deux, chers inconnus, toutes mes excuses.

MONSIEUR NATURE

Cet été, j'ai pris des vacances, mais des vacances pour travailler. Comme George Bush. Lui, il appelle ça des *working vacations*. Il en a pris pendant cinq semaines, moi trois. Quand un président prend ça plus relax qu'un humoriste, ça va mal…

Le chalet loué n'est pas accessible en voiture. Il est sur une île, alors il faut laisser l'auto sur la rive et traverser le lac en chaloupe à moteur.

Fin juillet, je suis enfermé dans le chalet depuis quatre jours. Je dois écrire des textes de toute urgence pour ma nouvelle émission à la SRC, *Ici Louis-José Houde*. C'est mon genre de vacances. Tant qu'à être seul, j'en profite, je fais la grève de l'hygiène. Quatre jours sans douche. En fait, j'ai pris des douches d'été : je me suis baigné.

Au bout de la quatrième journée, je dois absolument envoyer mes textes au recherchiste. Évidemment, je n'ai pas accès à Internet sur l'île. Je dois prendre la chaloupe à moteur, traverser le lac et rejoindre mon auto sur la rive, puis me rendre dans un hôtel où un accès Internet est disponible.

Du chalet jusqu'à la rive, en chaloupe, c'est trois minutes, ou dix fois «eh! qu'on est bien!»

Mais quand j'arrive à la chaloupe, je m'aperçois que le réservoir du moteur est percé et que l'embarcation est remplie d'essence. Je décide d'y aller à la nage. Je n'ai jamais été un grand nageur; même dans la douche, je suis un peu instable. Mais je n'ai pas le choix. Pire décision de ma vie, *ex æquo* avec la fois où j'avais mis des leggings en sixième année.

Je mets ma disquette dans un sac Ziploc (oui, je travaille encore avec des disquettes. Le monde me regarde comme si je roulais avec le char des Pierrafeu). Je mets le Ziploc dans la poche de mon maillot de bain.

Je ne prends pas de gilet de sauvetage, j'ai l'impression que ça va me ralentir. Et puis, ce n'est pas très loin. Dix minutes de nage, ou vingt fois «quelle mauvaise idée…»

Effectivement, c'est une turbo mauvaise idée. Parce que la dernière fois que j'ai nagé, Mats Naslund dominait chez le Canadien, le @ était encore une touche qui ne servait à rien et les gens travaillaient avec des disquettes.

Après dix mètres et trois bouillons, je me sens faible. Un gros poisson me frôle la cuisse. C'est un maskinongé, poisson qui mord.

Je suis nerveux pour mon corps, mais, surtout, terrifié à l'idée qu'il coupe mon maillot de bain, qu'il vole ma disquette et mes textes, et qu'il parte animer mon émission tout croche, qui serait rebaptisée *Ici Maskinongé*.

Je manque de souffle. Je ne suis plus mouillé, je suis délavé. Je me pogne dans un tas d'algues, je suis pris, ça rentre dans mon maillot, je crie comme une fillette. Vous êtes-vous déjà pris dans des algues en nageant? C'est la plus claire définition du mot «désagréable». C'est visqueux, gluant, ça pogne sur le long des jambes et le large du cul. Tu as l'impression que c'est vivant.

Je n'avance presque plus, je commence à me diluer. J'ai le souffle court. J'ai une crampe. J'ai mangé deux cheeseburgers et le temps d'attente pour se baigner après avoir mangé m'est encore inconnu. Quand j'étais petit, à Brossard, chaque mère avait un temps différent…

Début de panique, je n'avance plus. Si je perdais le souffle? Si je mourais? Ma famille ferait quoi avec mon stock? On dirait que je n'ai pas envie qu'elle donne les livres que je n'ai pas encore lus…

J'essaye de me concentrer sur ma survie, mais les seules images qui me viennent en tête sont des images de mort aquatique… par exemple, si Alexandre Despatie voulait se suicider et qu'il se jetait en bas du pont, je suis certain qu'à la dernière seconde il ferait une pirouette.

Finalement, j'arrive à la rive de peine et de misère, mais surtout de crise et de prière. Je suis tellement heureux d'être sorti de l'eau et enfin sur la terre ferme, heureux d'avoir évité un accident, soulagé d'avoir été épargné par la malchance. Je saute dans ma voiture et, à la première courbe, je perds le contrôle et frappe un arbre de plein fouet.

TUTOYER LA GOUVERNEURE GÉNÉRALE...

Tout au long de notre vie, on travaille sur notre image. Qu'on soit artiste, entrepreneur, fonctionnaire, étudiant ou *poodle*, on a un orgueil.

On veut bien paraître, on passe notre temps à camoufler nos petits mensonges. On ne veut pas avoir l'air de...

Je suis à l'épicerie un mardi matin et j'achète un gros pot de jujubes en forme d'ourson. Les petits oursons rouges, verts, jaunes. Mais je suis vraiment gêné de laisser le pot à la vue de tous, sur le dessus de mon panier. Je ne sais pas pourquoi, mais je suis gêné que les gens me voient acheter des jujubes-oursons. Je camoufle le pot en dessous des légumes et des fruits. Pour avoir l'air d'un gars qui mange santé. Pour ne pas avoir l'air d'un gros cochon.

Au mois d'août dernier, ma toilette bloque. Je cours à la quincaillerie (par «je cours», je veux vraiment dire «je cours») pour m'acheter un siphon (débouchoir). J'arrive en sueur, paniqué, et je demande un siphon au préposé. Je m'achète aussi un pinceau et des clous dont je n'ai aucunement besoin. Je ne veux pas m'acheter seulement un siphon et avoir l'air d'un gars qui s'en retourne jouer dans sa merde.

Toujours en août, je suis dans les studios de l'émission de radio de Varda et Renée-Claude Brazeau. J'y croise Michaëlle Jean, on se donne la main, on s'embrasse, on fonde une famille, non, excusez... Bref, on se dit bonjour, on discute et je la tutoie gros comme le bras. Mais gros comme le bras de Louis Cyr. Sans aucune gêne, j'attaque à grands coups de « tu » parce que, quand on voit Michaëlle Jean pour la première fois en personne, on est convaincu qu'elle a trente-cinq ans. J'en ai presque vingt-huit et je me dis que si je vouvoie une femme de trente-cinq ans, je risque de tuer sa jeunesse.

Puis, coup de théâtre! En fait, coup de théâtre d'été (c'est un coup de théâtre léger) : elle me vouvoie! Je me sens mal, impoli. Je suis plus jeune qu'elle et je la tutoie alors qu'elle, plus âgée, me vouvoie. Puis j'apprends durant la conversation qu'elle a quarante-huit ans. Je capote. Mais comme je suis déjà parti sur le «tu», je ne veux pas *shifter* au «vous» parce que je ne veux pas avoir l'air d'un gars qui n'est pas convaincu de son affaire, d'un gars qui se laisse influencer.

Un soir, je mange dans un restaurant sur l'avenue du Mont-Royal. Le genre de restaurant où, quand tu arrives aux toilettes, il n'y a pas moyen de savoir quelle est la porte des hommes et celle des femmes. Me suivez-vous? Au lieu de mettre les bons vieux pictogrammes de monsieur et de madame sur la porte, c'est un pétale avec des lunettes, une carotte avec une canne, une clé de sol avec un chapeau melon, ou un ange gai. Et tu restes planté là dix minutes à te demander laquelle cache les toilettes des hommes... Bref, à la fin du repas, je règle l'addition en argent comptant. La facture est de vingt-huit dollars. Je dépose quarante sur la table, le serveur ramasse l'argent et, sans me laisser placer un mot, me dit : « C'est beau comme ça? » Avec un très faible «?» à la fin. Quel cornet! Tu sais très bien que tu me coinces, gros épais. Tu sais très bien qu'en me le demandant comme ça, j'aurais l'air fou de répliquer : «Non, redonne-moi trois dollars.» Tu veux que je me sente mal de te demander de la monnaie. Et je me suis laissé voler parce que je ne voulais pas avoir l'air d'un cheap.

Finalement, je suis un cheap, gros cochon mangeur d'oursons en jujubes, qui joue dans sa merde, qui tutoie une gouverneure générale de presque cinquante ans et qui ne s'assume pas.

À qui la chance?

LA PLUS BELLE MORT

En avril dernier, j'étais en spectacle à Sherbrooke. À la fin de la soirée, j'apprends qu'un homme dans la cinquantaine qui assistait à mon spectacle a souffert de palpitations cardiaques et s'est effondré sur son siège.

Un employé de la salle a appelé l'ambulance, celle-ci est arrivée à temps et les ambulanciers ont sorti l'homme de la salle pour s'en occuper, avec succès. Le «semi en forme» a regagné son siège avant la fin du spectacle.

Moi, de la scène, je n'ai rien vu parce que la salle Maurice-O'Bready est une des plus grandes. Évidemment, il y fait noir et ça s'est passé durant un passage très agité de mon spectacle. Vers le milieu de la deuxième partie, je fais un numéro où je *swigne* environ sept cent douze gags en deux minutes, question de me parodier moi-même... Mais justement, si l'homme a été pris de palpitations cardiaques au moment où l'on est supposé rire aux dix secondes, je me permets de croire que c'est parce qu'il riait trop.

Des fois, les gens disent qu'ils perdent le souffle dans un spectacle comique. On s'entend que c'est plausible que le gars ait trop ri et qu'il ait perdu le souffle?

Après le spectacle, quand j'ai appris ce qui s'était passé, j'ai été soulagé de savoir que l'homme était vivant, mais en même temps, un peu déçu. Je vous l'avoue, pendant une seconde, j'ai senti le travail à moitié fait. Me semble que j'aurais pu me forcer et que j'aurais pu le finir...

Je vous le jure, j'étais déçu de ne pas l'avoir achevé. Il était où, le deuxième effort? Je suis certain qu'Anctil ou Barrette l'auraient dévissé. On est perfectionniste ou on ne l'est pas.

Les humoristes disent souvent que d'entendre le public rire, c'est le vrai salaire. Excusez-moi, mais si j'en ai un qui meurt de rire, je m'achète une villa.

Et en plus, ça aurait été le coup du siècle : «Un homme meurt de rire.»

C'est certain que je serais devenu une légende, le *king of comedy*. On aurait changé le Gala les Olivier pour le Gala les Louis-José. Aux États-Unis, quand un humoriste fait un tabac, on dit : *He killed*. Moi, j'aurais tué pour vrai et je ne me serais pas senti coupable. Pensez-y un peu, mourir pendant un spectacle d'humour, c'est une très belle mort. On est confortablement installé dans un siège rembourré, recouvert de velours, la fourrure du capuchon du manteau qui flatte la nuque, assis avec les gens qu'on aime : on va toujours voir un spectacle avec son conjoint, ses enfants, ses parents ou ses amis. Au milieu d'une petite mer de monde, sous des éclairages nuancés et délicats, on pousse son dernier souffle avec un rire... C'est le plus beau cadeau que je pourrais offrir à quelqu'un, un rire comme dernier souffle.

Personne ne veut mourir seul et malheureux. Je propose exactement l'inverse. Je vous l'accorde, ce n'est pas très intime, mais c'est beau. Entouré de sa famille, dans le velours, en riant... Je ne parle pas de mourir au Stade olympique pendant le Super Motocross...

Le 1er octobre dernier, au Patriote de Sainte-Agathe, pendant le même passage de mon spectacle, une femme enceinte a perdu ses eaux et a été emmenée d'urgence à l'hôpital. J'ai appris plus tard qu'il s'agissait seulement de contractions et que le bébé n'était pas né.

J'ai vraiment besoin de travailler plus fort : pas capable de les mettre au monde, pas capable de les tuer.

POUR NOËL

J'embarque totalement. Je suis désolé, mais je suis de ceux qui se laissent avoir par cette frénésie fabriquée. Alors pour vous, les anti-Noël, j'ai préparé des conseils qui vous aideront à éviter un autre voyage dans le Sud pour fuir les fêtes et arriver là-bas pour réaliser que c'est plus le fun ici...

Noël n'a plus de signification?

Concrètement, Noël peut se résumer ainsi : être en vacances, passer du temps en famille ou voir ses amis, donner et recevoir. Quel est le problème? En plus, cette année, Noël tombe un dimanche. Ça ne peut pas être plus congé... C'est un *power*-congé. Si vous travaillez à Noël cette année, il est temps de réimprimer des CV.

Moi, je fais des excès assez régulièrement, alors, quand arrive Noël, je suis habitué d'être chaud et je suis capable de fêter avec mes confrères sans leur demander de s'asseoir sur ma face.

De plus, ça doit être la journée dans l'année où il se fait le moins de mauvais coups. Les voleurs aussi ont des familles. Puis, personne ne trompe sa blonde à Noël. On ne trompe pas sa blonde un jour férié.

Mais si vous trouvez vraiment que Noël n'a plus de signification, il faudrait peut-être que vous constatiez que vous n'avez plus cinq ans...

Noël n'a plus rien de religieux?

D'accord, mais la société elle-même n'a plus rien de religieux! Alors pourquoi est-ce que la fête de Noël ne pourrait pas s'en sortir aussi? Depuis trente-cinq ans, on va à l'église aussi souvent que Jim Morrison (mort depuis trente-cinq ans, donc excellent lien, merci!).

Vous trouvez Noël trop commercial?

Est-ce que ça nuit vraiment à votre vie? Jusqu'à quel point peut-on se laisser influencer? Ils auront beau tapisser la ville avec des photos de iPod, si je ne veux pas en acheter, personne ne réussira à m'en vendre. Il n'y a jamais personne qui m'a obligé à entrer dans un magasin pour acheter un Nintendo ou autre synonyme d'adolescence gaspillée.

Votre souper de Noël est ennuyeux?

J'avoue qu'il arrive que les sujets de conversation s'épuisent. Voici un truc pour réanimer la discussion. Parmi les oncles et les tantes, en plein milieu d'un silence, décochez la phrase suivante : « Heille, coucher avec une femme enceinte quand ce n'est pas toi le père, ça doit être spécial. »

Ça devrait réagir.

Votre *party* de bureau dégénère toujours?

Prenez des brosses à longueur d'année. Je m'explique : le problème, avec Noël et les *partys*, c'est que les gens de bureau ont une vie trop rangée, trop organisée, et quand arrive la fameuse soirée, ils prennent leur première brosse depuis le mois de juillet. L'alcool a trop d'effet, ça vire fou, ça dit n'importe quoi, ça se ridiculise et ça finit avec la secrétaire ou la perforeuse.

Moi, je fais des excès assez régulièrement, alors, quand arrive Noël, je suis habitué d'être chaud et je suis capable de fêter avec mes confrères sans leur demander de s'asseoir sur ma face.

Voilà! Joyeux Noël, fêtez en paix et faites-vous plaisir : évitez le *Boxing Day*.

En passant, la *joke* de perforeuse, je ne la comprends pas moi non plus...

J'ARRIVE AUX VERRES STÉRILISÉS

C'est un petit soir d'automne, j'arrive aux Verres Stérilisés, coin Saint-Hubert et Rachel. Il pleut. J'entre dans la taverne, je suis seul, j'ai le regard intense et je porte un manteau de cuir. J'ai l'air d'un vidéoclip de Boom Desjardins ou de Dany Bédar.

Je m'assois au bar, commande une bière. Assis à ma gauche, il y a le bonhomme Sept Heures. Comme il est passé minuit, il se tient tranquille. Il est même un peu déprimé.

— Ça va, monsieur Sept Heures ?

— Bah… on vient de reculer l'heure et ça *fucke* toute ma routine. Mais bon, il y en a des pires que moi…

Je remarque dame Nature, évachée à une table dans un coin, complètement soûle. Ce qui explique peut-être la pluie.

Juste à côté d'elle, l'Homme qui a vu l'homme qui a vu l'ours discute avec l'Homme qui a vraiment vu l'ours. Il faut qu'ils se voient au moins une fois par année, sinon l'expression n'est plus valide. L'ours comme tel n'est pas présent. Après leurs cinq pichets, on apprend qu'il n'y a jamais vraiment eu d'ours, c'était un furet.

Monsieur Tout-le-monde prend une bière avec Madame Tout-le-monde.

Malaise. J'ai déjà couché avec Madame Tout-le-monde. Même si j'avais mis un condom, j'ai passé un test le lendemain. C'est quand même Madame Tout-le-monde…

La tête à Papineau est en train d'essayer de comprendre comment on rentre les pinottes dans les écailles. Il accuse le Gars des vues, qui jure ne rien avoir à faire là-dedans.

Un petit homme maigre marche vers le juke-box. Je le reconnais. C'est Saint-Guy. Il glisse une pièce dans le juke-box et nous exécute sa célèbre danse. On a tous déjà fait la danse de Saint-Guy, mais quand c'est vraiment Saint-Guy, ça tire en estie !

Le Cordonnier mal chaussé discute avec le Père du Meuble qui est, paraît-il, mal meublé. Ils sont attablés, *abièrés* et partagent :

— Je suis tellement mal chaussé que quand j'ai une roche dans le soulier, elle reste là deux secondes !

— Je suis tellement mal meublé que mon change refuse de tomber dans les craques du sofa.

Au bout du bar, le bonhomme Sept Heures et moi remarquons un homme que nous pensons connaître tous les deux. Son nom nous échappe. Ah ! c'est Pierre Jean Jacques. Il a vieilli, on le reconnaît encore moins. Il essaie de se faire servir, mais personne ne lui porte attention.

Il est rejoint par Chose, Chose Bine et Chose Binouche. Les quatre ensemble suscitent l'indifférence générale.

Puis, je me lève de mon tabouret pour aller aux toilettes, mais le Boss des bécosses s'y trouvait. Escarmouche. Je suis dans les bécosses, il en est le boss. Je suis malmené par l'Assistant gérant des bécosses. Beaucoup moins connu, mais très agressif. Je dois payer une taxe d'eau, mais je n'utilise pas le savon, on est dans une taverne.

Je viens me rasseoir sur mon tabouret qui est encore chaud, ce qui m'agresse. Je n'aime pas me rasseoir dans ma vieille chaleur de fesses.

Assis au bar, je peux voir à l'extérieur la chienne à Jacques attachée à un poteau. Elle me regarde, elle semble critiquer mon habillement.

Au même moment, la porte de la taverne s'ouvre, c'est Boom Desjardins et Dany Bédar. Ils se dirigent vers Saint-Guy et l'accompagnent dans sa danse. Je me joins à eux. Tous ensemble, nous dansons la danse de Saint-Guy. Nous sommes heureux.

On a eu ben du fun, mais on ne s'est pas rappelés.

VICTIME DE LA MODE

Être victime de la mode ne se limite pas aux vêtements. Tous ceux qui se cherchent un appartement sur le Plateau-Mont-Royal présentement le sont aussi. Je m'inclus dans le tas. On aime le Plateau-Mont-Royal pour vrai, personne ne fait semblant. Mais des fois, je ne comprends pas pourquoi. On dirait que ce qui est le plus le fun de rester sur le Plateau, c'est de dire qu'on reste sur le Plateau.

J'explique pour les gens des régions qui lisent ces lignes : le Plateau, c'est un mot qu'on met dans la description de la maison qu'on vend dans Hochelaga-Maisonneuve…

qui pues de la bouche.

L'Avenue du Plateau est un bon restaurant situé sur l'avenue du Mont-Royal. Triste spectacle. Le dimanche matin, des gens font la file dehors à moins vingt degrés Celsius, le ventre vide, pendant une demi-heure, pour manger des patates. Ostie, ça a l'air de *Schindler's List*!

Le même monde qui répète à tout bout de champ : «Ah! Je suis dans le jus, je n'ai pas le temps…» Quand on fait la file pour déjeuner, on n'a plus le droit d'utiliser la phrase «je n'ai pas le temps».

Juste en face, le Café Eldorado sert la même

«J'ai un appartement de 1914, rénové avant que le marteau existe. Le plafond coule, le plancher est croche, le propriétaire s'en fout. Je paye 1200$ par mois, mais ce n'est pas grave, juste à côté, j'ai une charcuterie!»

C'est un quartier charmant et pratique, mais les motivations d'y vivre sont rendues bizarres. Tout le monde dit la même chose : «J'ai un appartement de 1914, rénové avant que le marteau existe. Le plafond coule, le plancher est croche, le propriétaire s'en fout. Je paye 1200$ par mois, mais ce n'est pas grave, juste à côté, j'ai une charcuterie!»

Non, non, je n'ai pas de terrain, pas de parking, pas d'espace. Pas grave, j'ai une charcuterie! Je peux y aller en marchant!

Oui, oui, je marche jusqu'à la charcuterie…

On trippe là-dessus. Il y a quelque chose dans l'action de faire ses courses à pied qui te donne l'impression de mener une bonne vie.

Quand vient le temps de trouver un logement, tout le monde capote sur la saucisse.

— Voyons chérie, on ne va pas élever les enfants en banlieue. On reste ici. Il y a plein de restos!

Tu vas manger dans un resto sur le Plateau : il y a six pouces entre chaque table!

Le voisin mange une salade grecque, c'est toi

bouffe, au même prix. Je n'y ai jamais vu de file.

Parce que L'Avenue est plus à la mode… «L'Avenue du Plateau, ça doit être bon. Il y a le mot plateau dedans.»

Quand on finit par y entrer, on se rend compte que le resto est rempli de monde du 450…

Je vais bientôt vendre mon condo. J'en veux un plus grand pour entreposer toutes mes charcuteries. Je dois vendre bientôt. Mal situé, environ 300 000$, mais attention : juste devant mon appartement, il y a un arbre.

LA PARFAITE

En ce début de printemps, voici mon hommage à la fille parfaite.

Elle est très en forme, elle mange bien, mais elle triche et c'est beau de la voir. Il n'y a rien de plus *cute* qu'une fille qui revient de s'entraîner et qu'on surprend la face dans le sac de Doritos... Elle dîne santé toute la semaine, mais s'envoie une poutine-saucisse le vendredi soir. En passant, une poutine-saucisse... La saucisse est-elle vraiment nécessaire?

Elle porte un chandail une fois et l'envoie au lavage parce que trop paresseuse pour le plier et le ranger. On dirait qu'elle pense : « Je vais le mettre au lavage, tout ce problème de pliage va se régler comme par magie. »

Elle offre des cadeaux fabriqués à la main, qu'on reçoit avec un sourire fabriqué.

Elle fait pipi la porte ouverte, et tu fais semblant que ça te dérange.

Elle a un appartement qui sent la fille et elle voudrait un bain sur pattes. Toutes les filles aiment les bains sur pattes.

Elle possède des CD, mais pas beaucoup. Une fille, d'habitude, possède environ trente ou cinquante CD, rarement plus. Et il n'y a jamais d'ordre dans la relation boîtier et CD. Je n'aime pas quand quelqu'un mélange les boîtiers et les CD. Il n'y a rien de plus déprimant que d'ouvrir la pochette de Coldplay et d'y trouver un disque de samba. D'ailleurs, la fille parfaite a appris à danser la samba et elle souhaiterait que tu t'y mettes aussi.

Malheureusement, tu as une décennie très occupée...

Elle ne connaît jamais le nom des chansons sur son CD. Elle dit toujours : « Mets la quatrième! On écoute la troisième! La huitième, c'est ma toune! »

Elle invente constamment les paroles des chansons. Sur du Twisted Sister, We're not gonna take it devient We're not going ticket. Sur du Pearl Jam, Can't find a better man devient Can fight a better plant. Sur du Simply Red, *Is it in your mind at all* devient *Livin' in a mine battle* ou *Love is in the sky total...*

Elle modifie aussi les expressions. Elle voit quelque chose d'impressionnant et s'exclame : « C'est pas de la petite onguent! »

Au hockey, elle parle de l'équipe qui affronte le Canadien en les appelant « les Ottawa », « les Boston », « les New York »...

Elle appelle un guitariste « un joueur de guitare ».

Son joueur de guitare préféré est celui qui joue *Love is in the sky total*.

Disons que tu lui fais un cadeau... Six mois plus tard, elle le brise et adopte immédiatement un règlement qui stipule que c'est à toi d'aller faire réparer le cadeau, parce que c'est toi qui le lui as offert.

Elle a de petites oreilles douces. En fait, je n'ai jamais vu une femme avec de grandes oreilles. Pensez-y, il n'y a pas de femmes qui ont de grandes oreilles...

Elle est attachante, elle tutoie ta mère et ça passe très bien.

Sa maman est jolie. Toujours un bon signe.

Elle veut absolument avoir des enfants. Tu fais un peu semblant de ne pas en vouloir...

Elle a un appartement qui sent la fille et elle voudrait un bain sur pattes. Toutes les filles aiment les bains sur pattes.

Elle a plein de photos sur son frigidaire. Je ne connais pas un gars qui met des photos sur son frigidaire. C'est un choix qu'on fait : grandes oreilles ou photos sur le frigidaire.

Elle a un petit tatouage asiatique au bas du dos. Ça la rend unique, personne n'a de petit tatouage asiatique au bas du dos...

Elle s'endort après dix minutes devant le film loué, qu'elle tenait absolument à choisir.

Elle porte un mini-bourrelet au nombril, mais c'est normal, elle dit que c'est pour protéger le bébé.

Si j'en trouve une comme ça, je ne la laisse jamais partir. C'est quoi, dans la vie, apprendre trois ou quatre pas de samba?

Love is in the sky, total.